袁隆平

的故事

本书编写组 编著

湖南人民出版社

图书在版编目（CIP）数据

袁隆平的故事 / 本书编写组编著. —长沙：湖南人民出版社，2012.3（2021.10）
ISBN 978-7-5438-8254-6

I. ①袁… II. ①本… III. ①袁隆平—生平事迹 ②袁隆平—生平事迹
IV. ①K826.3

中国版本图书馆CIP数据核字（2012）第048510号

YUAN LONGPING DE GUSHI

袁隆平的故事

编 著 者　本书编写组
出版统筹　陈　实
监　　制　傅钦伟
产品经理　田　野　姚忠林　张玉洁　刘　婷
责任编辑　李思远
封面设计　焱　玖
版式设计　谢俊平　谢慧敏
责任校对　曾诗玉

出版发行　湖南人民出版社［http://www.hnppp.com］
地　　址　长沙市营盘东路3号
邮　　编　410005
经　　销　湖南省新华书店

印　　刷　长沙超峰印刷有限公司
版　　次　2012年4月第1版
　　　　　2021年10月第17次印刷
开　　本　710 mm × 1000 mm　　1/16
印　　张　12
字　　数　120千字
书　　号　ISBN 978-7-5438-8254-6
定　　价　29.80元

营销电话：0731-82226732　　（如发现印装质量问题请与出版社调换）

"杂交水稻之父"、中国工程院院士、"共和国勋章"获得者

袁隆平

人就像种子
要做一粒好种子

袁隆平题
二〇〇六·九·八

目录

禾下乘凉梦

我每天想的主要的还是日思夜梦，梦希望这个产量很高。我叫做禾下乘凉梦。就是我的试验田里的超级杂交稻长得比高粱还高，穗子、稻穗比扫帚还长，籽粒有花生米那么大，好高兴，我就跟我的助手们，在那个稻穗下乘凉。

——袁隆平

1960 年的夏天，湖南安江的稻田里，一株水稻让过路的青年教师停下了脚步，这株水稻穗大粒多，在层层稻田里显得鹤立鸡群，随风摇曳。偶遇，瞬间激发了青年教师的灵感，从这一刻起，中国的稻田里便上演了一段历经半个世纪的传奇。

这位青年教师叫袁隆平。

1930年9月，袁隆平生于北平，祖籍江西德安。他的童年是在抗日战争的烽火中度过的，随父母颠沛流离，辗转于祖国各地，受尽苦难。任谁也无法想象，昔日那个看起来有些笨手笨脚的孩子日后会成为"共和国勋章"获得者、中国工程院院士，解决全球十几亿人的饥饿问题。

1949年8月，19岁的袁隆平高中毕业。考大学时他想要学农，但父母都不赞成。袁隆平说吃饭是第一件大事，没有农民种田，还谈何生存？最终说服了父母，毅然回重庆去读西南农学院农学系。他说："很多人对学农有想法，可我从来没有后悔过学农"。1953年8月毕业，袁隆平到湖南省农业厅报到后，就坐着烧木炭的汽车一路颠簸，到了离黔阳县城安江镇4公里的安江农校。这一待，就是16年。此间，袁隆平一面教学，一面从事生产实践、选择课题进行科学研究，开始走上了作物育种之路。他见过饿殍遍地，听过无数次"金元宝比不上两个馒头"，于是他许下誓言：要用自己的专业研究出高产水稻，让同胞们免受饥饿之苦！

1960年7月，通过天然杂交稻的启发，袁隆平意识到，用人工杂交的办法，可以培植高产的杂交稻。勾腰驼背埋在稻田里的袁隆平，在1964年和1965年找到了6株雄性不育稻株。在60个瓦钵里面倒腾了两年，培育成功"雄性不育系"后，1966

年 2 月，在中国科学院的院刊《科学通报》上，他发表了第一篇论文《水稻的雄性不孕性》，正式提出通过培育水稻"三系"（即雄性不育系、雄性不育保持系、雄性不育恢复系），以"三系"配套的方法来利用水稻杂种优势的设想与思路，由此拉开我国杂交水稻育种的序幕。

1973 年，在第二次全国杂交水稻科研协作会上，袁隆平代表湖南省水稻雄性不育系研究协作组作了"利用"野败"选育三系的进展"的发言，正式宣布籼型杂交水稻"三系"配套成功。此后，杂交水稻先在湖南推广，后在中国遍地开花结果，水稻平均亩产也一路"飙升"：1976 年 231 公斤、1984 年 358 公斤、1998 年 424 公斤……1996 年，袁隆平当选为中国工程院院士的第二年，中国农业部提出超级稻育种计划。袁隆平领衔的科研团队通过形态改良和杂种优势利用相结合的技术路线，成功攻破水稻超高产育种难题，不断刷新亩产：

2000 年，袁隆平团队培养出"两优培九"，实现一期目标；2004 年，又突破了亩产 800 公斤，提前实现了二期目标。可他对产量永远不满足，又接着提出 2015 年三期 900 公斤、2020 年四期 1000 公斤的新目标。2011 年，三期目标告破；2014 年，四期目标达成。他又提出五期目标，每公顷产粮 16 吨。袁隆平曾说过，从理论上讲，水稻亩产最高可到 1500 公斤。在没有实现这个目标前，他恐怕永远不会停下脚步。2018 年 9 月，袁隆平团队选育的超级杂交稻，实现了百亩片平均亩产 1152.3 公斤，刷新了水稻大面积种植产量的世界纪录。到了 2019 年初，超级稻计划的五期目标已经全部完成，分别是亩产 700 公斤、800 公斤、900 公斤、1000 公斤和 1100 公斤。2020 年 11 月 2 日，袁隆平领衔最新育成的第三代杂交水稻"叁优一号"早稻＋晚稻亩产达到 1530.76 公斤，实现了周年亩产稻谷 3000 斤的攻关目标。

让所有人远离饥饿，这个梦，袁隆平惦记了一辈子，也探索实践了一辈子，在培育杂交水稻这条道路上，他从未懈怠。无论收获再大再多的荣誉，他依然奔走在田间地头，为一生追寻的"禾下乘凉梦"而不断耕耘。这位老者，以一颗赤子之心，对这片土地爱得深沉。

爱听故事的孩子

1930 年 9 月 7 日，在北平的协和医院里，一个新生儿呱呱坠地了。孩子的父亲袁兴烈为了纪念第二个孩子在北平出生，按照袁氏家庭"隆"字的排辈，为他取名隆平，乳名二毛。一个让中国从此摆脱饥饿的科学家就这样诞生了。

袁隆平的祖父袁盛鉴曾经担任过广东文昌县县令。父亲袁兴烈早期在北平铁路局当高级职员，抗日战争爆发后，投笔从戎，一次和朋友共同捐献了 500 多把大刀给冯玉祥的部队，是一位典型的中国知识分子。袁隆平的母亲华静，是个扬州姑娘，自幼在英国教会学校读书，能讲一口流利的英语。

小时候的袁隆平做起事来显得笨手笨脚的。家里人想调动他的积极性，可他却怎么都做不好，要他拿碗，碗被摔坏；要他取杯子，杯子掉在地上；穿的小长袍不是被扯破就是被火烧了一个窟窿。

别看小袁隆平"笨"，可是他很爱动脑筋，虽然常常因"闯祸"遭到长辈的惩罚，但他好奇心特别强，对感兴趣的事总想去体验一下。他看见木匠钉钉时常把铁钉衔在嘴里，一颗一颗钉，觉得挺好玩，便也学着在嘴里衔上一颗铁钉，然后在地上翻筋斗，却不料将铁钉吞入肚子里，为了救治他，全家人搞得手忙脚乱。

尽管小袁隆平常常闯祸，但他的母亲却没有过多责怪他，而是用自己的爱和良好的教育方法来启迪孩子的心灵。她将自己渊博的知识化成一个个有趣的故事，来培养孩子高尚的情操。

令袁隆平记忆深刻的一个故事是赵匡胤千里送京娘。小时候，袁隆平喜欢捉萤火虫，他常常把捉来的萤火虫放在火柴盒里，火柴盒就变得闪闪发光，晶莹剔透，好看极了。母亲见了，便讲了一个有关萤火虫的美丽动人的故事，她说：

"少年赵匡胤从强盗手中救出少女京娘，结成兄妹并护送她回家。千里路上，赵匡胤扶京娘坐在他的马上，而他自己却牵马步行，终于将京娘送到了目的地。就在这次送别之后，京娘在战乱中死去了。后来赵匡胤在一次夜战中迷了路，忽然，飞来一只萤火虫为他引路，一直把他引到了安全的地方。传说这是京娘死后为报答赵匡胤相送之恩，化为萤火虫，在他有难时，特地赶来相救。"

原来萤火虫是美丽善良的京娘的化身，小袁隆平听了这则传说以后，再也不忍心捕捉那可爱的萤火虫了。

小时候的袁隆平充满了好奇心。一天，他好奇地问母亲："人是从哪里来的？"

母亲回答说："西方《圣经》故事里说，亚当和夏娃是人类的始祖，他们都是上帝用泥土造的。在我们中国也有'女娲造人'的传说。女娲用她那双神奇的手，把黄土和成泥，然后捏成一个个男人女人，捏完后，朝这些泥人吹口气，于是，那一个个泥人便有了鲜活的生命。从那时起，人类便繁衍生息。"最后，母亲深情地对袁隆平说："从前面两个故事可以知道，不管外国人还是中国人，归根到底，我们人类的根源都是黄土地。"

母亲告诉他：我们吃的粮食是从黄土地里长出来的，我们穿的衣服是从黄土地上收获的棉花织成的布做的，我们住的房子是用黄土烧成的砖盖起来的……总之，我们的衣食住行都离不开土地，所以说，土地是生命之源。"土地是生命之源。"小袁隆平听懂了母亲的话，悟出了其中的道理，所以，袁隆平自童年时代起便对土地有着一种神圣的敬意。

在袁隆平6岁时，他们一家迁居到汉口。这一年的春天，母亲带着他们兄弟游览了距汉口不远的神农洞。

神农洞相传是神农氏炎帝出生的地方，这里供奉着炎帝的塑像。母亲带着他们弟兄几个向这位光耀九州的神农氏恭恭敬敬地行了三个鞠躬礼，以表达他们一家人对这位先贤的景仰之情。

行礼完毕，母亲告诉他们："传说在很古很古的时候，草和庄稼长在一起，人们分不清什么能吃，什么不能吃。神农氏——我们的祖先炎帝来到了人间。他造了一条神鞭，'啪啪、啪啪'，把地上长的各种树木花草都赶到大地一边，然后自己挨个地尝，选出了人们可以吃的高粱、谷子、豆子和稻谷等五谷杂粮。后来他又发明了耒、耜，告诉人们如何耕种。他还驯养禽兽，尝试百草，为民治病。神农氏的子孙，从此得以生存延续。这位神农氏炎帝的丰功伟绩，誉满九州，名扬天下。"

小袁隆平又好奇地问母亲："炎帝是哪里来的？"

母亲微笑地看着好提问题的袁隆平，给孩子们讲了一个神话故事。她说："民间传说，牧羊女安登天天在山上放羊，有一天，她在山头上睡着了。她做了一个梦，梦见了一个自称七龙子的英俊青年和她相亲相爱。梦醒之后,她怀孕了。过了几个月,临产前她又做了一个梦,梦见七龙子交给她一本神农书,嘱她将这本书交给他们的儿子,等儿子长大了,一定要按照神农书的点化,兴修水利,耕地播种,收获五谷,造福百姓。于是,便有了中华民族生生不息的繁衍史。"

袁隆平6岁那一年的初秋季节,跟老师郊游去参观一个私人果园。那果园真是美极了,那里有红红的桃子、绿绿的葡萄。果树之间的空地上,间或种着在那个年代还稀有的西红柿。毛茸茸的枝权上,分别结着红、白、黄、绿几种颜色的果实,好看极了。还有那绿的竹林……小袁隆平那时刚好才看过一部电影《摩登世界》,里面的角色做梦都梦到很多好吃的水果,眼前有这么多的水果,他当时就被这样的田园风光所深深吸引。他爱上了这美丽的果园,爱上了这绿色的世界,他依依不舍地离开这里。从此,每到桃子成熟的季节,记忆中那个美丽的果园便浮现在他的脑海,那果园在心中是一片永不消逝的绿洲,如烟如雾,如梦如歌。他意识到自己幼小的生命是与那绿色世界联系在一起的,与大自然是融为一体的。

就是这次郊游,奠定了袁隆平理想的基础,乃至影响着他的一生。60多年后,当袁隆平忆及当年儿时的感受时,仍会双眼灼灼,神采焕发。可见这片花艳果丰的园艺场,在风雨飘摇、国事艰难的年代，曾经多么深刻地打动了一个孩子的心。

袁隆平小时候还有一个爱好，就是随母亲在庭院乘凉时，爱看天上那密密麻麻的星星。母亲告诉他，天上的每一颗星星，都与地上一个有名望的人物同属一个星座。为此，每到夜晚他总是痴呆呆地凝望着星空，寻找属于自己的那个星座。可是，星星太多了，哪一个是他的星座呢？有时，他看到流星的陨落，只那么一闪，就消失在夜空中，这使他感到很茫然。他问母亲，母亲告诉他，每当天上有星星陨落，地上便有一位有名望的人物死去了，唯有在银河两旁勤于耕作的牛郎星和勤于纺织的织女星永不陨落。这时，小袁隆平便在心中默念着：我长大以后，一定要像牛郎那样，勤于耕种，收获很多很多的粮食，好让穷苦人吃饱饭。

1937 年 7 月 7 日，发生了卢沟桥事变，日军很快便侵入了华北，不久又将铁蹄踏向上海、汉口和广州。战火由北向南、由东而西地全面燃烧起来。在抗日战争的烽烟中，袁隆平一家与全国同胞一样，流离失所，逃向远离战火的后方。

1938 年 8 月，袁隆平随父母从汉口动身，乘坐一只小木船，由水路逃到湖南，历时 20 多天，到达湖南桃源。尽管是在战乱中，但袁隆平一家却在这里过着短暂的"世外桃源"般的生活。

在这里，袁隆平依旧不忘央求母亲给他讲故事。母亲触景生情，为孩子们背诵了苏轼的一首词《蝶恋花·春景》：花褪残红青杏小。燕子飞时，绿水人家绕。枝上柳绵吹又少，天涯何处无芳草！墙里秋千墙外道。墙外行人，墙里佳人笑。笑渐不闻声渐悄，多情却被无情恼。

母亲告诉他："战争是残酷的，但祖国的山河是美好的，祖国处处有芳草。"

母亲指着那美丽的桃花潭继续说下去：

"我们曾经住过的长城脚下的北平是美丽的，长江畔的汉口是美丽的，这桃花潭也是美丽的。这里有桃花岩，有桃花溪，正如晋代大文学家陶渊明在《桃花源记》中所描绘的那样，这里'有良田美池桑竹之属'，夹岸花卉，十里红艳，桃花溪水由南向北……村庄毗连，鸡鸣犬吠，田畴碧绿，山花如火，燃亮桃花溪，燃亮绿色原野。这里还有一个神秘的秦人古洞，人们称之为'桃源仙境''世外桃源'。"

母亲讲到此处，好奇的袁隆平问母亲："这神奇的'桃源仙境'是怎样来的呢？"爱讲故事的母亲点了点头，接着又讲述了牛郎和织女的故事……

为了躲避日军飞机的狂轰滥炸，就在1939年的农历除夕之夜，袁家人又一次乘坐一条小木船，入洞庭，逆流而上逃往重庆……

中流击水

　　滚滚长江东逝水。袁隆平一家七口乘坐一条木船，逆流而上，费时又费力，困难重重，几乎一路上都需要纤夫拉纤。一路上，袁隆平与老船工亲切地聊天，老船工苦中作乐，对袁隆平说："给我们唱支歌吧！"袁隆平满口答应了，站立在船头，扯开稚嫩的嗓子，哼起当年流行的纤夫曲。

　　隆冬季节，江面上还浮着冰，纤夫们的双脚裸露在水中，冻得起了紫红色的冻疮，身上穿着单薄的破衣衫，纤夫们用肩、用背推着船行进。

　　袁隆平站立在船头，怀着崇敬的心情凝视着岸上的纤夫。这时，他四弟走过来同他说话，

他来不及理睬，四弟一怒之下，碰了他一下，袁隆平站立不稳，掉入了滔滔江水中。袁隆平虽然在桃源学会了游泳，但江水太过湍急冰冷，袁隆平施展不出他的游泳技术，只得在水中拼命挣扎。老船工见状，顾不得天寒地冻，纵身跳下水去，凭着他极好的水性，将袁隆平救出了水面。袁隆平得救了，一家人都很感激老船工，忙着为老船工取暖，一旁的四弟也吓得哭了。这次生命攸关的事，使幼小的袁隆平下定决心要学会在大江大河中游泳，长大了要像船工那样，遇险救人。

不知在江上颠簸了多少个日日夜夜，袁家一家七口终于来到了雾都重庆，这个抗日战争期间的大后方。

到达重庆后，袁隆平决心学会游泳。从此，他便钟情于水，钟情于江河湖海。夏日，每逢放学回家，他最惬意的事就是去长江戏水。他那迎难而上、不达目的不罢休的向上精神在学习游泳中得到淋漓尽致的体现。

刚开始学游泳时，他参照图例，一步一步分解动作，刚下水时，由于动作不够准确，常常在游泳的过程中呛水，但他丝毫没有灰心，一遍又一遍地反复练习，越往后呛水的次数越来越少，经过一个暑假的刻苦练习，他已自学会了仰泳和蛙泳。但他总嫌速度还不够快，心想：万一遇到落水者，自己游得太慢，耽误了救人时机可怎么办？于是，他下定决心要学自由泳。

袁隆平学游泳时，有一个爱好，就是从江边捡些好看的卵石带回家来，因为母亲喜欢收藏各式各样的卵石。母亲端详着花纹各异的卵石，对袁隆平说：

　　"这些好看的石头，多少万年以前，它们也是有棱有角，有锋有芒的，在漫漫历史长河中，它们也曾为改造大自然立下不朽功劳——用它们来开挖河道，用它们来加固河床。总之，它们曾是改天换地的先驱……"

　　"妈妈，我们应该怎样去发挥自己的创造力呢？"袁隆平若有所思地问母亲。母亲告诉他：

　　"小时候，努力学习文化知识，长大了，用自己学到的文化知识做自己喜欢做的事情。"

　　一天，袁隆平捡到了一枚闪闪发光的卵石，小伙伴们都说这是一块天然钻石。袁隆平欢天喜地地跑回家里，拿给母亲看。母亲摇摇头说：

　　"这是一块漂亮的卵石，但它并不是钻石。"

　　"那钻石是什么样子的呢？"袁隆平问母亲。

　　母亲告诉他：

　　"钻石就是人们常说的宝石。钻石有十几种色泽，但其中最优异的是那种无色的钻石。因为这种无色钻石在黑夜发出的光最亮，只有在漆黑的夜里，人们才能看到那令人叹为观止的色泽。"

母亲看了看袁隆平，接着说下去：

"无色钻石的色泽真实而自然，质地非凡。同样，人生的色泽倘若是真实而自然的，那么他的气质也是非凡的。"

小袁隆平忽闪着一双大眼睛问母亲：

"什么是人生的色泽呢？"

母亲微笑着回答：

"虚荣不是，浮华也不是；得意的脸不是，骄傲的心也不是；名位不是，权势更不是。人生的色泽不是别的，是专注于自己所从事的事业，这是最美好的道德品格。"长大后的袁隆平，回想起儿时母亲说过的话，渐渐地从中悟出了一个道理：人要专注于自己的事业，不可贪婪，学会拥有，也须学会放弃。

袁隆平学游泳期间，日寇几乎天天轰炸重庆，警报一响就要进入防空洞躲避空袭。一天，他想，反正要躲空袭，不能上课，不如带着弟弟去江边游泳，他以为"罚不责众"，有弟弟作伴，父亲就不会责罚他了。谁知父亲这天正好站在楼上远眺，看到江中有两个黑点一前一后在游动。父亲发现已经到了放学时间，可两个孩子却还没回，他心中就有些疑虑，便拿来望远镜仔细观看。这一看吓一跳，原来正是他的两个儿子在江中游泳，他赶紧奔向江边，大声呼叫着，才把他俩叫上岸来。父亲责问袁隆平道：

"你自己喜欢游泳，水性也好，偶尔一游，倒也罢了，为何要带着水性不好的弟弟一起来耍？"

"弟弟水性不好更需要学习锻炼嘛！"

"出了危险怎么办？"

袁隆平自信地拍了拍胸脯："请老爸放心，有我'浪里白条'在此，确保他的平安！"

一句话，把父亲给说乐了。但父亲还是以"逃学"和"空袭危险"两方面为由，狠狠地责打了他一顿，弟弟却没有受罚，仅作"旁听"。

此后，袁隆平在遵循父亲训诫的同时，抽时间加快练习游泳。"近水识鱼性"，几经刻苦练习，他终于学会了自由泳，可以在水中欢畅地游了。还不到十岁，他竟然斗胆地去横渡长江，令同学和老师瞠目结舌！

1947年夏季，湖北省举行游泳比赛。6月，武汉市区选拔运动员，当时袁隆平是汉口博学中学的一名高一学生，尽管年龄已到17岁，但因发育较晚，个头较小，体育老师不肯推荐他参加市区选拔赛。可是袁隆平非常喜欢游泳，他不想放弃这次机会，便主动找到体育老师，请求老师让他参加预选赛。老师瞅了袁隆平一眼，说道："你个子太小，缺乏体力，不行的。"结果有十几名个头高大的学生被选参赛。袁隆平心中不服气，衡量了一下自己的实力，觉得体育老师以貌取人，未免有失偏颇，他急切地想证实一下自己这个"小个子"的能耐。

第二天早晨，被挑中的同学每人骑上一辆自行车，向市内的预选赛区奔去。出于好玩和看热闹，比赛那天，袁隆平也穿着运动服，坐在参加比赛同学的自行车后架上进入赛场。体育老师发现了他，拿他没办法，便对他说："你热情很高，既然来了，就去试试吧！"

选拔赛开始了，只见袁隆平那灵巧的身姿在游泳池里如同一条飞鱼，在水面上迅速划开一道波浪，以极快的速度冲向终点。结果，他出乎意料地获得了汉口赛区男子100米和400米自由泳比赛第一名，锋芒初露，而其他同学无一中选。

此后，体育老师对他刮目相看。不久，他作为汉口赛区的选手参加了湖北省游泳比赛。在参赛的选手中，还有几位身体健壮的飞行员，但袁隆平毫不畏惧，在比赛中巧展身手，夺得了湖北省男子自由泳两块银牌，从而为学校赢得了前所未有的荣誉。当袁隆平等选手回校后，受到全校师生的热烈欢迎。同学们把他举得高高的，向上抛了起来，以表达喜悦和祝贺之情。

"智者乐水，仁者乐山。"袁隆平"浪里白条"的绰号，从小学一直带入大学。到大江大河里去畅游，始终是他的课余爱好，即使参加工作以后，他也一直坚持游泳这项有益于身体和磨炼意志的锻炼。

1952 年春季,贺龙同志在成都主持了西南地区第一届运动会,袁隆平作为西南农学院的运动员代表,夺取了西南地区游泳比赛第四名。这年夏季,在抗美援朝的热潮中,袁隆平怀着"保家卫国"的热忱,唱着"雄赳赳气昂昂,跨过鸭绿江……"的志愿军战歌,走进重庆市征兵办公室,毅然报名参加志愿军,决心投笔从戎。光荣榜贴出来了,袁隆平体检合格了,成了被录取的 8 名飞行员之一。正当袁隆平一行人整装待发之际,国务院做出决定,急需大学生参加国家经济建设,一律留校继续读书。尽管这次"投笔从戎"未能如愿,但反映了袁隆平热爱祖国,听从祖国召唤,全心全意为人民服务的思想。

大学毕业分配到安江农校工作期间,他一有时间便跳入沅江,酣畅淋漓地泅渡沅水;长住海南搞杂交稻育种繁殖的日子,即使傍晚了也要到大海的风浪中搏击一番;有时还要与同事和学生一决高下,把年轻人远远甩在后面;他还多次奋不顾身地在嘉陵江边和沅水河畔,抢救过遇险的人……

即便是后来,盛夏之时,年逾古稀的袁隆平不时忙里偷闲来上"必修课",有时携老伴去游泳池舒展身子,自得其乐。他时而在池边谈笑风生,指点他人游泳;时而跃入池中,高兴地游上几个来回,好不惬意。

"曾记否，到中流击水，浪遏飞舟？"他很喜欢毛主席的这首《沁园春·长沙》。他说，毛主席非常喜欢游泳，游泳不仅仅是锻炼身体，它还可以培养人的意志品质，练就坚韧、搏击的性格。游泳，看似一项简单的运动，它却滋养了袁隆平的情操，培养了他一往无前、百折不挠的性格。这位"乐水"的智者，心如水清澈灵逸，在他钟情的事业的大海经坎坷历曲折，奔腾向前而去！

勤学好问的少年

日军从 1938 年至 1943 年，对重庆进行了长达 5 年多时间的轰炸，不足 9 平方公里的重庆市，遭受了几百次空袭。这是人类历史上空前的惨剧。战争带来的磨难，国家山河破碎的残酷现实使袁隆平或多或少明白了导致中国苦难的原因，懂得了一些国家兴亡，匹夫有责的道理，激发他树立起发奋学习、报效祖国的志向。他立志要做一个使中国富强、不受外国列强欺辱的中国人。

正是在这种志向的驱动下，从读小学起，少年袁隆平就显示出好学勤思的性格。他学习成绩优异，志趣高远，爱好广泛。他喜欢读书，利用课余时间，读了不少课本上学不到的东西，

因此思维比一般同学活跃，喜欢从不同角度思考问题。

有一次，老师在课堂上讲牛顿的轶事，说：

"牛顿爱猫，他在家里养了一大一小两只小猫。为了使猫进出方便，他在进家门的地方为大猫打了一个大洞，为小猫打一个小洞。"

老师说完，要同学发表意见。大家都认为打个大洞即可，牛顿是"智者千虑，必有一失"，干了一件蠢事。袁隆平的看法却相反，他说：

"牛顿的做法是正确的，因为如果两只猫同时要进屋，而洞只有一个的情况下，就会造成猫相互打架。"

说完引得全班哄堂大笑。

1942年8月，袁隆平在龙门浩中心小学学业期满，考入复兴初级中学。但他只念了半年就转入了重庆市赣江初级中学。1944年春天，在哥哥隆津的极力主张下，袁隆平又转学到博学中学。此后，袁隆平在博学中学学习、生活了四年多。

当时博学中学的临时校址坐落在重庆市郊南的背风铺，校舍十分简陋，除一栋学生宿舍属半砖瓦半土墙结构外，其余房屋都是用竹片敷上黄泥建成的。但这里是一处风景很美丽的山区，周围绿树成荫，四季鸟语花香。

因为处在战火纷飞的年代，供应匮乏。读书期间，生活是相当艰苦的，吃的是杂粮饭，点的是桐油灯，一两个星期才打一次"牙祭"（吃上一次肉）。尽管如此，学习、生活还是紧张而有节奏的。

早上6点起床钟敲响，10分钟后，学生们就得洗漱整理完毕在操场集合做广播操，训育主任胡必达老师总是在起床铃一响就马上赶到学校宿舍查睡懒觉的。他手里拿着一根竹片，敲打那些还在睡觉的学生的铺盖，催促他们起床，这无疑养成了学生干事利落、遵守时间的作风。其间还有不少趣事发生。有一天早晨，有几个顽皮的学生想要捉弄老师，他们把几个枕头包在铺盖里，假装成一个学生在蒙头睡懒觉。胡老师走进来，用力敲打那铺盖，但没有反应，掀开一看，才知道上了当。当时，袁隆平和其他几个同学既兴奋又紧张，不敢出声，生怕老师追究而受处分，但胡老师并不以为意，只是笑了一下，于是大家才敢哄堂大笑。

进入中学以后，袁隆平很兴奋，因为中学增加了代数、物理等新课程。这些新课程，对充满好奇心、爱探究的少年袁隆平来说，是很有趣味的，他不愿像有些同学那样死记硬背书本，他乐于从思考和提问中理解基本原理和概念，达到学以致用。

一堂数学课上，老师讲到了"有理数"。其中讲到"有理数"的乘法法则，同号两数相乘取"＋"号，并把绝对值相乘。数学老师进一步解释说："简单地讲，就是正数乘正数得正数，负数乘负数，也得正数。"袁隆平想，正数乘正数得正数，这还可理解，但负数乘负数，也得正数，真有点蹊跷。于是他向老师发问：

"老师，负数乘负数，为什么得正数？"

数学老师因袁隆平突如其来的提问愣住了，沉吟片刻后对同学们说："你们刚开始学习代数，只要牢牢记住这条运算法则，按照这条法则运算就行了。"

尽管老师没有回答出所以然，但"学贵知疑"，反映了少年袁隆平学习上有一种追根究底的执着精神。这一点在袁隆平以后的科研生涯中发挥了重要作用。

这段中学时代的插曲对袁隆平来说可谓刻骨铭心。50多年后，在2000年度国家科学技术奖励大会的前夕，获得最高科技奖的袁隆平，和另一位最高科技奖的获得者吴文俊一见如故。他们是第一次见面，一位是农学家，一位是数学家，两人却相谈甚欢。袁隆平对吴文俊说，数学是科学之母，我初中时向老师提问为什么"负负得正"，直到今天我还是弄不清。谈到这里，他俩情不自禁大笑起来。

关于思考，勤提问题是袁隆平一贯的学习方法，他从中受益匪浅。一次物理课上，老师讲到了著名物理学家爱因斯坦关于"物理能量"的方程式，袁隆平聚精会神地听完老师的讲解后，想：E是能量，m是质量，c是光速，光速达每秒30万千米，所以很小的质量中就蕴藏着极大的能量，这一点还比较容易理解，但能量与光速的平方成正比却令人费解。于是他忽闪着一双大眼睛，好奇地问道：

"老师，为什么物质的能量和光速的平方成正比呢？"

质量和能量的转换关系式是爱因斯坦花费十年时间，于20世纪20年代才得出的一个著名的公式。对这个著名公式，一位中学物理教师要讲清其中含义的确勉为其难。在短暂的迟疑后，老师想了想，为了不使学生失望，他用赞许的眼光看着袁隆平，说道："提出问题比解决问题更为重要。这位同学的问题提得很好，我这样简单解释一下吧！"

"比如1公斤煤，完全燃烧后，可释放出8000千卡热量，能把80公斤0℃的冷水烧到100℃。但如果1公斤质量的煤全部转化为能量，则达到21.6万亿卡，这相当于一个城市几年所消耗的电力。至于怎样才能让1公斤煤释放这么巨大的能量，还有待于今后科技手段的发展。"袁隆平聚精会神地听完老师的解释，开阔了思路，对质量和能量的相互转化关系有了比较深刻的印象，特别对爱因斯坦这位科学大师充满了崇拜之情。后来，有记者采访他，他说："当我从知道爱因斯坦这个名字之日起，就非常地崇拜他。我崇拜他那超乎寻常的思想方法和大胆创新的胆略。爱因斯坦说过这样一句话：'世界的永久秘密就在于它的可理解性。要是没有这种可理解性，关于实在的外在世界的假设就会是毫无意义的。'这句话对我后来从事杂交水稻的研究产生了极大的影响。"

由于是教会学校，学校对英语要求很严，其他功课不及格可以补考，而英语不及格就必须留级。好在孩童时代，严格的家教使袁隆平受益匪浅，父亲教他国文，母亲是他的英语启蒙老师，使他对英语有着浓厚的兴趣。当时教英语的有三位老师，一位是讲授文章的英国人白格里先生；袁隆平记得白格里先生给他们讲的第一篇文章是 *NorthStar*（北极星）；一位是白格里的夫人，她教朗读和会话；另一位是教语法的教务主任周鼎老师，他慈祥的面孔和诲人不倦的精神深深地留在了袁隆平的记忆中。良好的英语环境使他如鱼得水。正如袁隆平自己所说："我现在之所以能在各种国际学术活动中运用英语进行交流，主要是母校给我打下了良好的基础。"

抗战胜利后的 1946 年 6 月，袁隆平随父亲的工作变动来到汉口，继续在迁回汉口的博学中学学习。直到 1948 年，他们举家迁往南京才离开博学中学。

2009 年 4 月，袁隆平应邀回到阔别半个多世纪的母校，如今它已改名为武汉四中。虽然岁月变迁，但一切犹如在昨天。在校园至今犹存的钟楼里，他高兴地敲响了老钟，往事如烟，余音缭绕。袁隆平坐在当年曾经就读过的教室，深有感触地回忆道："我在博学中学读书时，英语、体育成绩很好，但数学成绩一般。"袁隆平还在学校的足球场上，高兴地踢了几个球。他对在场的师生诚挚地说："没有好身体的支撑，是干不了事业的，中学时代要锻炼好身体。"

正是因为袁隆平有着一颗好奇、纯朴的童心，才有他成年以后在科研事业中的豁达、坚毅与率真。可以毫不夸张地说，人们心目中的袁隆平，自青少年时代起便是智慧、执着、诚实、坚韧的典范。因为他有了这些美德，所以，他总是以坦然、自信、微笑来面对未来的漫漫人生。

1948 年，袁兴烈举家迁往南京，18 岁的袁隆平进入南京中山大学附中高中部二年级就读，除了因"偏科"造成数学成绩一般之外，他以其他各门功课全优的成绩毕业。

高中毕业，面临着升大学的选择，报考哪一所大学，读什么专业呢？

这一天，袁兴烈叫来妻子华静和儿子袁隆平，共同商讨袁隆平的发展方向。父亲希望儿子有出息，极力主张他报考南京名牌大学，学习文理科，以便日后学业有成，继承父业。

袁隆平却另有打算。他想起了从小学到中学苦读的日日夜夜，想到了小时候参观过的那个美丽的园艺场：园艺场里茂林修竹，五彩花

卉，果实飘香，大自然充满了无穷的美妙和生命的活力。那美妙的园艺场吸引着他立志学农，那片果园在他的心目中如同一片绿洲，似烟似雾，如梦如歌……

父亲见儿子低头不语，便问他：

"隆平，你未来的志向是什么？"

"我唯一的选择就是成为一个农业科学家。"袁隆平回答得干脆而响亮。

"想成为一个身上充满庄稼味的学者吗？"父亲反问他。

"试想一下，这人世间倘若没有庄稼味儿，而是充斥着铁血味儿、硝烟味儿，该是多么可怕！"

孩子要去学农，虽然与父亲的想法有分歧。在那"重文重理"的社会时尚面前，学农者可谓甚少。他们不明白孩子这近乎"傻"的举动。但父母是开明的，在劝说无效后，父母尊重了他的选择。父亲开玩笑似的说：

"俗话说：'父望子成龙'，而我现在是望子成'农'了。好在我们袁家先祖世代务农，但愿你这个'农民'与祖先不同，能超越祖辈，成为新型的'农民'。"

父亲接着问袁隆平道：

"你想报考哪所学校？"

"我想报考重庆相辉学院农学系。"袁隆平答道。

父亲思忖了一下说：

"相辉学院倒是一所师资力量相当雄厚的高等学府。抗日战争期间，上海复旦大学曾西迁到相辉学院。"

1949 年 8 月，袁隆平告别了南京，告别了父母，赶往他向往已久的重庆相辉学院。

袁隆平把自己喻为一粒种子，种子选择了孕育它的土地。

有人把生命喻为一扇门，不同的人，总是以不同的方式推开这生命之门。袁隆平却是以"立志学农"的方式，推开了他的生命之门。

重庆作为抗战时期的陪都，形成了特殊的文化背景，位于重庆的相辉学院也自然吸引了来自全国各地的莘莘学子。1949 年 11 月，重庆解放了。山城在中国共产党的阳光照耀下获得了新生。在全国高等院校调整中，一所新型的农业高等学府——西南农学院诞生了。西南农学院是由四川省立教育学院、华西协和大学、四川大学、云南大学、贵州大学、川北大学以及相辉文法学院等多所综合大学的农学系合并而成的，后来改名为西南农业大学。2005 年西南大学与西南农学院合并组建为西南大学。

在大学期间，袁隆平主修专业是遗传育种学。这一选择，决定了袁隆平的人生轨迹；而这一选择，使得他的人生丰富而具有传奇色彩，中国也因此出了一位蜚声世界的科学家。

袁隆平以饱满的热情投入这所新型的农业高等学校的怀抱之中。大学的生活是充实而有序的。袁隆平在知识的海洋里，酣畅淋漓地搏击着，如饥似渴地吸吮着知识的营养。他喜欢看书，爱逛书店，喜欢购买英文杂志。课余时间，他总埋头在图书馆中，阅读着英文和俄文书籍。就是这时，他开始接触世界知名的生物学家米丘林、李森科、孟德尔、摩尔根等的各种不同学术观点和学术思想，并对他们每个人的学说进行比较和研究。

那时候正是苏联生物学家米丘林、李森科学说在中国盛行的年代。美国的孟德尔、摩尔根的遗传学说则被苏联和我国的某些学术权威视为异端邪说，被扣上"资产阶级反动生物学理论"等帽子，受到有组织的批判。但袁隆平却认为不应该单纯地、被动地去吸收科学知识，应该靠理性来判断其价值。理性的判断，往往是获得真理的桥梁。显然在当时他的结论已经初显峥嵘，显示出青年人的大胆思辨与成年人思维的缜密老练。

袁隆平在同学中的人缘非常好，同学们都愿意与他交谈。在交谈中，同学们发现他不仅满腹经纶，而且还有满肚子的笑话和故事，所有故事一经他叙述，总是惟妙惟肖。同学们还发现他有一颗童心，很喜欢和他开玩笑。他的昔日大学同学王运正回忆说："大学时的袁隆平像个大孩子一样，喜欢打球、游泳，学习成绩不拔尖，但是很聪明。"的确，这就是袁隆平给人留下的印象。在同学们眼里，他乐观开朗，脸上总是保持着一种发自内心的微笑。从这笑容中同学们可以察觉到，他的心境是平静的，是坦然自若的，因而同学们都愿意和他交朋友。

袁隆平虽然学习努力，但他可不是书呆子，他爱好十分广泛。从小爱好文艺的他，有着一副好嗓子，时不时哼一首小曲。当时最为流行的苏联歌曲《喀秋莎》被他演绎得声情并茂，声音乐感丝毫不输给原唱，因此，学院组成合唱团后他理所当然地成为其中的一员。课余，他也爱哼一曲小调，把生活点缀得有滋有味。除唱歌外，他还喜欢乐器，尤其喜欢小提琴。

关于他拉小提琴，还发生过一件很有趣的事情。在袁隆平考入相辉学院不久的一天，他正在宿舍与同学们闲聊，忽然从隔壁传来了一阵优美的小提琴声，袁隆平听得痴了，竟突然就站起来，跑到隔壁门口去，也不敲门，就直接推开房门，看见一位同学正站立窗前，全身心地在拉着琴。袁隆平如遇知音，诚恳地拜那位同学为师，让那位同学教他拉小提琴。

后来，袁隆平又省下了父母给他的零花钱，买了一把廉价的小提琴，空闲时就随那位同学学习拉小提琴。起初，袁隆平还有点不太自信，但那位同学鼓励他说：

"你的手很灵巧，乐感也不错，将来准行。"

果然，袁隆平不仅乐感好，悟性也好，进步很快。就在这一年系里举行的新年晚会上，他与那位同学演出了小提琴二重奏，受到师生们的欢迎与好评。

在校期间，袁隆平还参加了学院组织的土改工作队。在四川大足县，袁隆平与同学吃住在农民家中。他们清清楚楚地看到，刚刚建立起来的"社会主义社会"，既不是那种典型的资本主义社会，也不是苏联、东欧国家那样脱胎于初步工业化的资本主义社会，而是脱胎于半殖民地半封建社会，脱胎于生产社会化和生产力极低的半自然经济社会。贫穷落后、百废待兴是当时中国的典型特征。

四年的大学生涯，不但为青年袁隆平打下了扎实的功底，做好了知识储备，更重要的是思想准备，那就是为中华的崛起、为人类的幸福而自强不息，奋斗终身的准备。他说："我小时候看到中国饱受列强欺负，我们那时候经常纪念国耻，如'九一八'国耻，好多的国耻纪念，都要降半旗，我们总是抬不起头。我想，过去我们国家总是受人欺负，应该强大起来，特别是新中国的成立，中国人民站起来了。做一番事业，为中国人争一口气，为自己的国家做出贡献，这是我最大的心愿。"

大学时光是快乐而短暂的。1953 年夏天，袁隆平在西南农学院 4 年的学习生涯即将结束。毕业以后到哪里去？从事什么工作？袁隆平和其他同学一样，面临着毕业分配的选择，他再一次站在了人生的十字路口。

7 月下旬，学校在礼堂举行分配动员大会，向毕业生发出号召：服从统一分配，到农村去，到最艰苦的地方去，到祖国最需要的地方去！

袁隆平在重庆生活了 11 年多，这里的一山一水，一草一木都给他留下了美好而深刻的回忆。填写报名书的前一天傍晚，袁隆平在熟悉的街道上徘徊了很久，他多么希望自己能留在重庆的农业科研单位，继续和这个热爱的城市朝夕相处啊！

何去何从？袁隆平展开了激烈的思想斗争。

不知不觉中，他走到了童年时居住过的家门口，看着日军轰炸时留下的一垣残破的门廊，他想到了自己动荡的童年，敌机狂轰滥炸我国土和欺凌我同胞的惨景一一闪现在他的脑海里。抗战时期的那一代青年，怀着"天下兴亡，匹夫有责"的激情和紧迫感，奔赴抗日前线，抛头颅，洒热血，扛起钢枪，那是保卫祖国的需要。今天，我们这一代有专业知识的大学生，服从统一分配，到基层去，到农村去推广农业技术，走上教学岗位，教书育人，把知识传播给一代又一代年轻人，这不也是另一种报效国家的方式吗？

想到这些，袁隆平矛盾的心情、彷徨的思想豁然开朗。

思想通了，第二天袁隆平向学校递交了服从统一分配的决心书，上面写着：

服从统一分配，到祖国最需要的地方去！

别了，母校！

别了，重庆！

不久，在学校的统一分配下，袁隆平拿着分配通知，到湖南省农业厅报到了。在那里，他知道了他要去的地方是湖南省最偏僻的湘西安江农校，他将成为这所农校的教师。到祖国最需要的地方，这也是袁隆平心底最大的愿望。但是，祖国最需要的地方又是怎么样的一番场景呢？他其实是想象不到的，所有的一切，只有憧憬和期待……

袁隆平始终把自己比做一粒种子，既然是种子，撒在哪里都会生根发芽……

迈向三尺讲台

　　1953 年 8 月，袁隆平告别母校西南农学院，乘火车，再坐汽车，而后是坐马车，再后来便是背着行李，徒步翻越雪峰山，历时半个多月，行程 1000 余公里，风尘仆仆地来到了安江农校的校园，开始了长达 19 个春秋的教学生涯。

　　安江农校坐落在偏远的湘西，是由古老的圣觉寺改建而成，清澈的沅江从校旁蜿蜒流过，远处是巍峨秀美的雪峰山，山水相依，景色怡人。

　　袁隆平拿着行李走进校门，只见稀落的石松翠柏上，有几只老鸦栖息在古树的枯枝上。袁隆平不由得浑身一悸，此时他内心感到了一丝丝的寂寞。一下子从繁华的大都市来到这偏

远的山区，仿佛被世界遗忘一般，失落是在所难免的。但他转念一想，寂寞也不是坏事，我国的荒刹古寺曾孕育了不少高僧。诸多高僧都曾在古寺中潜心修练，不再追求名利，后来却很有作为，他袁隆平也一定会在这里干出一番事业的。

当时刚解放不久，我们的国家百废待兴，还拨不出更多的经费来扩建校舍，无力装备这所农校，所以学校将原有的十几间空房做了教室。学校还将一口古钟吊在树上，每当上下课，学校的勤杂工便拿一根耙齿在钟上敲上几下当做铃声，钟声十分洪亮，在山间久久回响。教师宿舍更简陋，是由一间原来很可能是小和尚住过的老屋充当。这间老屋实在是太老了，站在屋里，抬头可见裸露的檩椽，屋角边还挂着一张张蜘蛛网，而那扇木质老窗户玻璃还碎了一块，这间屋子只能用四处透风、破旧不堪来形容。

夜晚，袁隆平徘徊在古寺的月下，不知不觉吟诵起了王昌龄的"一片冰心在玉壶"，这是王昌龄在被贬谪失意时仍能坚持自己的理想不放弃时所吟的诗句。跟他相比，自己作为新中国第一代大学生，现在是人民教师，肩负着建设祖国的重大使命，又有什么克服不了的。想到这里，袁隆平突然找到了人生坐标，从此安下心来，决心把这里当做新的"根据地"，在这扎下根去。

来校第一个学期，因为缺少俄语教师，学校便让袁隆平到文史教研组教俄语。袁隆平感到纳闷：自己是学农的，如今教俄语，有点"牛头不对马嘴"。如果教英语，自己还有一定基础。怎么办呢？学校的安排是一种信任，必须服从，于是他愉快地当上了俄语教师。他认为这是自己教学生涯的开端，必须开好这个头。他不因学校缺乏俄语教师而滥竽充数，而是把它作为一次学习的机会，于是课余时间便积极备课，翻阅各种俄文书籍，力求将课讲得生动有趣。

为了激发同学们学外语的兴趣，他采取课内师生之间用俄语回答简短提问，课外教唱俄语歌曲，与苏联同类学校同学通信等多种方式，来丰富教学内容，巩固课堂所学单词和语法，收到了良好的效果。连原来对外语不感兴趣的同学也提高了兴趣，进步很快。

第二年，学校安排他到遗传育种教研组，他这才干起了自己的本行，给学生讲授植物学、遗传育种学等，如鱼得水，同时也兼教学生的俄语。

袁隆平讲课时，字句清晰，学生们也听得津津有味。课堂里没有喧哗声，也没有哈欠声，偶尔有同学搞一点小动作，他就微笑地走下讲台，爱抚地摸摸那位同学的头，一切又归于平静。一堂课下来，学生们都说，袁老师讲得很生动、透彻，听他讲课很愉快，是一种享受。

下课了，同学们愿意围在他的身边，听他讲一些很有趣的故事。同学们都非常喜欢他，觉得他像一个知识渊博的大哥哥。他爱同学们，同学们也爱他。爱，使得他与同学们很亲近。

湘西大山里的生活是异常艰苦的。农校分给每个老师的粮食有限，老师们下课后，还要到屋后山上挖野菜，回来做菜汤吃。那里没有煤烧，老师们要自己上山去砍柴做饭取暖。

袁隆平是学校里唯一一个来自大城市的教师，出身于书香门第、名牌大学毕业的他，从没受过这样的苦。可他一点也不娇气，和其他老师一样砍柴、挖野菜。山上路滑，他不习惯穿草鞋，穿解放鞋又打滑，于是他就干脆打赤脚。

开始时，脚掌被碎石、草根扎得一阵阵钻心的疼痛，但他忍住疼痛，继续向前走去。渐渐地，肉脚板被山石打磨出一层层老茧，小刺扎不进，小石子硌不疼，十个脚趾头，如同十颗钉子，牢牢地钉在山路上，居然也可以在山路上健步如飞。

对于袁老师在湘西大山里过得艰苦的生活，同学们都看在眼里，疼在心里。有时，袁隆平工作一天回到屋里，发现房间里堆满了野菜和柴火。这是怎么一回事呢？原来是学生们替他们敬爱的袁老师代劳了。

安江农校的学生大多是山里生、山里长的农村孩子。艰苦的生活环境，使他们具备了坚韧的忍耐力和顽强不屈的意志。每天他们背着背篓，装着干粮来学校上学，有的学生为了上学还要翻越几座高山。严酷的现实让他们珍惜来之不易的学习机会，他们手勤、脚勤，做学问更勤。与他们相处后，袁隆平发现自己越来越喜欢湘西人，喜欢这些质朴善良的山里孩子了。

在寒冷的湘西冬天，很多同学没有棉裤穿，一年四季都是那条摆着补丁的单裤，上身也只是穿一件没有衬衣的"空心袄"。风雪天，冷风飕飕地往衣服里钻，一个个冻得嘴唇发紧浑身打哆嗦。袁隆平见了，心痛极了，便把衣薄身寒的同学叫进自己的单身宿舍，翻箱倒柜，找出自己的绒衣、绒裤，拿出自己仅有的换洗的衬衫，以命令的口吻说："听话，穿上，一定要穿上！"同学眼含泪水，接过袁老师手中的衣服，顿时，浑身暖乎乎的，心里也热乎乎的。

虽然袁隆平在课堂上是个满腹经纶的"学究"，但是在教学上他绝不是一个只会纸上谈兵的书呆子。他说，学生学农只靠在课堂上听课是不行的，必须边讲边实验，有时实验比讲课更重要。所以，他在搞好课堂教学的同时，还利用课余时间开展科学实验活动。而对于从城市来的袁隆平来讲，农业不只是书本上一些抽象的数据和概念、实验室里的瓶瓶罐罐，要想真正教好学生，必须走出课堂，走向田埂，向农民学习。

春天来了，燕子从南方迁徙归来时，成群结队的农民便赶着水牛，扛着犁下地了。他们驱赶着笨重的水牛，拖着原始的犁耙，在层层水浇的梯田上耕耘、播种。这是一年中最好的季节，绿柳微青，细雨蒙蒙，小鸟在林间低低地穿行。然而，这时袁隆平却无心欣赏这美景，他像一个好学的学生，挽起裤脚，打着赤脚，拿着笔记本，跟在农民后面，记录着春耕播种的要点。农民午休时，他会凑过去聊天，询问当地的水文气候，庄稼生长的习性。春耕时，他严格遵守农民的作息时间，每天早上三四点便起床，跑去田间观察学习。

夏天烈日当空，忙了半晌的农民懒懒地来到榕树下，袒胸露腹，满头大汗，躺在青石板上，吹着凉风。而此时的袁隆平，依然头顶毒辣的太阳，在田里劳作。

秋收季节，连续数日挥镰收割。每天天刚亮，袁隆平就和他的学生们来到地头，太阳落山后才收工，师生们个个累得筋疲力尽。

一年四季，春天播种插秧，夏季锄草挠秧，秋天收割耕地，他样样农活学着干，并抓紧课余时间，带领学生坚持参加生产劳动。他带领学生在稻田里搞试验时，总是身先士卒，没有丝毫老师的架子，脏活儿、累活儿干在前面。他喜欢与泥土打交道，每每来到稻田里，总是弯下腰来，将鞋子扔到一边，脱下袜子，挽起裤脚，赤足踏在田埂里。柔软的泥土将脚板轻轻地包住，给他一种无比的踏实感和满足感，他深深地陶醉在这片自然的氛围中。

袁隆平就是怀着如此的真诚与土地亲近着，常年累月的田间劳动已经将袁隆平熏陶出了一股浓浓的庄稼味儿。他已经将自己的身心完全融入这里了。累了，他便走近大榕树，坐在青石板上，从农民手里接过了一袋烟袋，像农民一样，默默地、大口大口地抽着。微风从沅水河对面吹来，裹挟着凉乎乎的水汽，吹干他汗淋淋的身体。在阳光的曝晒下他的脸已黝黑发亮。此时此刻，袁隆平已和真正的农民没有什么区别了。

在午休时，善良的农民也不忘给这个城里来的老师讲一段这里美丽的神话传说，人们渐渐喜欢上这个毫无架子又踏实肯干的知识分子。而此时，他们不知道眼前这个老师在带领学生坚持参加生产劳动的同时，还承担着俄语和遗传学两门课程的教学任务，工作量之大可想而知，可是身体的劳累并没有把他压垮，他心态是平和的，脸上始终保持着一丝淡定从容的笑容，所有困难在这笑容面前都显得微不足道。

袁隆平还经常给学生们讲劳动创造人类的道理。他说：

"劳动是光荣的，这不但是常识，而且是天条。劳动创造了人类自己，劳动产生了语言和智慧。倘若有谁不愿意承认劳动是光荣的，劳动人民是伟大的，那么，他就是不愿意站在人类的行列里。"

袁隆平对湘西土家族的民俗民风很感兴趣，比如婚丧嫁娶、端午节、中秋夜，处处散发着古老的民族风情。他与学生们一起，常常利用课余时间到土家族人家里作客，感悟着土家族那朴素的民风民俗。

给学生魅力，不给学生压力；教学与实践相结合，是他坚持的教学方向；与同学们一起认真钻研教材，但不神化教材，是他的教学思想；在教学中深化课堂知识，在实践中拓展学生的视野，是他的教学手段。袁隆平在农校，干得很快乐。

　　袁隆平在带学生到农村去支援春耕和双抢的日子里，耳濡目染了农村的耕作方式，他认为这种方式还很原始，稻谷的亩产量不过 150 公斤，而那里美国的玉米亩产量已经达到了 350 公斤。看到辛勤耕作一年的农民，却难以填饱肚子，他心里很不是滋味，他认为自己该做点什么。

　　有一次，他与李纪春老师到黔阳县的牛婆冲劳动，回校的路上，肚子饿了，想买点东西充饥，可是找来找去，只有萝卜汤卖。喝完萝卜汤后，袁隆平深有感触地对李老师说：

　　"老李，俗话说：'人是铁，饭是钢'，没有饭吃多痛苦啊！粮食问题千百年来一直困扰

人类，我是学农的，见到这种情况深感惭愧。我多想自己有能力来增加粮食产量，让中国人有饭吃，让世界上的人有饭吃。"

这时，一个念头在他内心萌动，要用自己的知识去解决人类自从诞生以来就面临的生存问题。

天下之大事必作于细，天下之难事必作于易。教学之余，袁隆平开始在设计自己的科研课题了。20世纪50年代，那是苏联生物学家米丘林、李森科学说在中国盛行的年代，袁隆平作为遗传学教师带领学生们按照他们的学说进行试验。

开头，他们选择红薯进行"无性杂交"。把月光花嫁接在红薯上，以期得到一个"无性杂种"，那就是要它上面结籽儿，可以进行种子繁殖，以节省大量种薯；地下结红薯，可提高单位面积产量。

当他们把月光花嫁接到红薯苗上以后，嫁接苗很快成活了，发芽了。但要使其结籽儿，必须进行短日照处理。那时候安江农校试验条件是非常简陋的，根本就没有任何遮光设备。袁隆平只好将自己的床单和被单统统拿出来，用墨汁涂黑充当遮光的屏障。

果然，1958年，他嫁接的"月光花红薯"获得了大丰收，其中最大的一蔸"红薯王"达到了13.5公斤，地上也结了种子。在那刮高产风的"大跃进"年代，很多地方大吹大擂,报喜不报忧,甚至还把具有封建迷信色彩的"祥异"现象也作为高产成果往上报。袁隆平货真价实的"高产卫星",自然得到了人们的肯定和赞扬。在全国跃进成果展览会上,有袁隆平科研成果的展台,记者都是蜂拥而来,全国多家报刊上出现了袁隆平的名字。这样一来,全国人都知道了有个搞农作物的"无性杂交"的袁隆平。

第二年的春天,袁隆平怀着喜悦的心情,将嫁接培育的那些特殊种子适时播种。可是,秋天来到时,长出来的作物却令他非常失望:长出来的依然是月光花,地下却再也不见红薯的踪影。同时,他煞费苦心开展的一系列其他方面的实验,诸如西红柿嫁接到马铃薯上,西瓜嫁接到南瓜上,虽然长出了"三不像"的植物,但也都没有获得经济性优良的无性杂种。

实验的结果让袁隆平对自己搞的"无性杂交"研究开始动摇了,对于李森科遗传学说中的观点也产生了怀疑。他想到,从遗传学的角度考察,他所进行的"无性杂交"试验,其变异性状不能遗传给后代,进行这样的试验,始终跳不出嫁接培养和环境影响的小圈子。

袁隆平不禁默默地问自己:进行这样的"无性杂交"试验,前途在哪里?

做事好寻根究底的袁隆平,在面对真理时更是一丝不苟。为了寻找一个答案,他不断收集有关遗传学说的资料,从中了解遗传学说的发展动向。

一次，袁隆平出差到长沙，他在龙门书店的一本英文杂志上，看到一篇介绍美国比德尔以玉米、果蝇和红色面包霉等简单生物体为试验材料从事遗传学的研究，提出了"一个基因一种酶的假说"。杂志中还介绍了克里克和沃生在遗传学领域因发现脱氧核糖核酸（DNA）螺旋结构，引起了全球科技界的重视，使遗传学研究深入到分子水平。他立即把这本杂志买回家，认真细致地研读起来。

经过反复的研读和分析，袁隆平知道大学时接触过的欧美著名的遗传学家孟德尔和摩尔根创立的染色体、基因遗传学说对良种繁殖发挥了重大作用。自己过去片面追求李森科的"无性杂交"和外因论，研究方向有问题。

20世纪50年代，孟德尔、摩尔根的遗传学说却被苏联和我国的某些学术权威视为异端邪说，被扣上"资产阶级反动生物学理论"等帽子，受到批判。他们把孟德尔、摩尔根的学说斥为"反动的、唯心的"学说，某些人企图以这种非常手段巩固米丘林、李森科绝对权威的地位。

这期间，袁隆平也曾矛盾过，然而，有着严谨的科学精神和对真理孜孜以求精神的他始终坚信，科学是老老实实的学问，是就是是，非就是非，来不得半点马虎和虚假。科学上不能盲从，希腊哲学家苏格拉底曾经说过：人们要认识自我，追求智慧的生活，就要学会用自已的头脑思维，学会怀疑权威乃至教义。

科学是需要实践支撑的。摩尔根、孟德尔的遗传学说的真伪只有通过实验的检验才能证明。综合各种学术观点，袁隆平根据李森科学说在科学试验中进行"无性杂交"所产生的"无性杂种"不能遗传等现实问题，开始从理论和实践相结合上深入研究。

那段时间，袁隆平既研究米丘林、李森科，又研究孟德尔和摩尔根，同时还研究达尔文、魏斯迈，结合实践，进行比较和分析。结果证明自已从事多年的"无性杂交"试验确实是失败的，于是袁隆平毅然抛弃它，开始大胆探索新的路子。

理论是前进之路的明灯，既然已经下定决心用实践闯出自已的一条路，剩下的就是实践的问题了。

从哪里入手研究呢？农民的直接需求触动了袁隆平。在一次下乡支农期间，袁隆平给夜校的农民讲课，他讲授的是"红薯育种和栽培技术"，来听的农民寥寥无几；而另一个老师讲授"水稻的高产栽培技术"，听课的农民却挤满了教室，他们听得认真仔细，还不时提问。他感到奇怪，是自己的课没有吸引力吗？他暗地里问农民是什么原因。农民告诉他，虽然这里稻田少旱地多，多种红薯也不错；但红薯是杂粮，是稻米的搭头，吃了不经饿，吃多了还反胃。"以粮为纲"，主要还是搞好水稻种植才有前途。

当然，对袁隆平触动最大的是中国在 60 年代发生的三年困难时候，那时出现了空前的粮食饥荒。农村严重缺粮，农民连糠菜杂粮也吃不上，纷纷上山寻野菜、挖蔗根充饥。师生们每天仅靠供给的几两口粮过日子，吃不饱，更谈不上营养，很多人得了浮肿病。袁隆平也未能幸免，他走路无力，看书无神，但仍拖着浮肿的身躯坚持上课，坚持搞自己的科研。

袁隆平曾亲眼目睹过一位豆蔻年华的少女，因吃了观音土，拉不出大便，被活活憋死了。回顾那时的情景，他还心有余悸，他回忆说："经过三年困难时期，自己挨过饿，特别看到我们的领袖毛主席和周恩来总理也在带头节食，我才真切地感到'民以食为天'这句古话说得那么实在。然而'民以食为天'喊了这么多年，哪朝哪代解决了这个问题？为中国人民解决吃饭问题，是我们学农的知识分子的天职。"

这些事情，对引导袁隆平调整科研方向起了很大的作用。

袁隆平决定赶紧掉转船头，走出"无性育种"的困境，驶向已显示出生命力的现代遗传学之路上去。他选定水稻作为研究对象，开始琢磨起来。在他看来，粮食作物是陆地上生态系统的主体，是人类赖以生存的基础；而水稻则是地球上主要粮食作物，在这个地球上，玉米种植面积第一，水稻种植面积第二。可以这样说，在日常生活中，人和稻米是须臾不可分的。从某种意义上说，稻米养育了人类，而如果将水稻的产量提上去，创出一条水稻高产之路，那将是一件多么伟大的造福苍生的事情。

袁隆平选择了水稻纯系选育和人工杂交试验的科研课题，试验场地就设在学校分配给他的半亩自留地上。水稻是自花授粉作物，杂交有没有优势？这种优势能否为人类所利用？袁隆平向这样的问题发起了挑战。

杂交优势是生物界普遍存在的现象，早在两千多年前的春秋战国时期，我国先民就注意到公马和母驴杂交所生的骡子。骡子具有优于双亲的强大体力，是人类利用动物杂种优势的一个先例，那么，作物是否也有这种优势呢？

早在1926年，美国人琼斯首先揭示了水稻的杂种优势现象，此后，琼斯的理论虽然被美国遗传学家辛诺特和邓恩否认了，但是，他的理论依然引起了各国科学家的广泛关注。20世纪30年代至50年代，印度人克丹姆，马来西亚人布朗，巴基斯坦人阿乃姆，日本人冈田正宽、奈良芳次郎等都先后开展过杂交水稻的研究。

但是，上述学者的研究最终都没有获得成功，这一点袁隆平自然是知道的，然而，外国人没有搞成，难道中国人就不能搞成吗？袁隆平心中升起一种为国争光、为民解忧的强烈愿望。"搞杂交水稻，攻克世界难题"，袁隆平下定决心进行杂交水稻的科学研究，以便通过杂种优势来提高单位面积的产量。

从此，袁隆平踏上了一条杂交水稻探索的崎岖之路。

邂逅『杂交水稻』

1960 年春天，袁隆平在他那半亩试验田里，把稻种播下去，几天以后秧苗出水了，嫩绿的秧苗在春风里伸着懒腰，真的是可爱极了。他看着它们一天天长大，而后为它们一个个安家，目睹它们拔节、分蘖、抽穗，由嫩绿而变为深绿……

而这些种子们也没有辜负他的期望，在阳光和雨水的沐浴下健康茁壮地成长。每天他都仔细地观察着水稻的成长，一株株、一穗穗地看。

袁隆平试验期间，不断地思索着，思索着，脑中只有"高产水稻"。日有所思，夜有所梦。一天晚上，他想啊想啊，便不由自主进入了梦

乡。梦中，他自己种的水稻长得比高粱还高，谷穗比扫帚还长，谷粒像花生米那么大，他和几个朋友坐在稻穗下面乘凉。他们说说笑笑，脸上充满了喜悦之情。

一觉醒来，他还沉浸在喜悦之中，久久不能平静。梦有时是人性内在对美的追求的一种反映，梦中可以得到灵感和创造的启迪，美梦有时还能成真。袁隆平想，也许昨夜这个梦能给我什么启示吧！此后，袁隆平陷入了深深的深思。拥有梦就拥有未来。水稻研究占据了他的多梦之心。他的梦之帆借风随势，向着黎明的曙光驶去。

学校的试验田里，频繁地出现着他的身影；图书馆里，他手抄笔录，记录大量有关水稻的资料。他在试验田里通常一转就是好几个小时，然后拖着疲倦的身躯回到自己的小屋。

袁隆平清楚地知道，要想利用水稻的杂种优势，必须利用水稻的雄性不育性，首先应在自然界中找到天然的雄性不育水稻，作为培育雄性不育性的起点。

功夫不负有心人。1960 年 7 月的一个下午，袁隆平下课后，径直来到试验田。他挽起裤腿，走入稻田中认真观察起来。看着看着，他突觉眼前一亮：一株植株高大、穗大粒多的优异稻株"矗立"在前面，如同"鹤立鸡群"。

袁隆平小心翼翼地将这"鹤立鸡群"的稻株结出的稻种一

粒一粒地收集起来，仔细地数着，一共是170粒稻种。望着那一包饱满的籽粒，他心里喜滋滋的。

第二年，他把这些种子分别播种在瓦罐的培养土里，栽插在窗前的试验田里。实在太期望它们能出成果，有时甚至兴奋得半夜都要跑去试验田，看几次他种的秧苗。他就这样看着它们一天一天地生长，注视着这些蓬勃的小生命，真可算得上望种成"龙"。

终于到了秋天，然而结果却令他大失所望。那株原本优势很明显的健壮的种苗，其后代却参差不齐，高的高矮的矮，早的早迟的迟，竟没有一株比原来的单株好。

然而，眼前的情景并没有使袁隆平气馁。他冷静地凝视着变异的稻株，猛然想到了孟德尔、摩尔根遗传学分离律的观点，根据这个观点，这很可能是一株天然杂交稻的杂种第一代。

"啊，那正是一株天然杂交稻啊！"

这一判断在他脑海中确定下来以后，他便开始对那些变异的植株进行仔细的调查：高的、短的，早熟的、晚熟的……一株一株地记载，反复地统计、运算，结果证明这"杂种第一代"完全符合孟德尔学说的分离规律。

"水稻杂交原本有优势！"想到这里，他不禁眼前一亮。

水稻杂交有优势——这是袁隆平从实践中得出的一个突破

性的结论，是具有划时代意义的结论！

就是这一株偶然被发现的天然杂交稻，给袁隆平带来灵感，带来机遇，他的成功之路从这里开始。由此，袁隆平萌发了利用杂交优势提高水稻产量的设想。

然而，袁隆平翻开典籍，却发现了他的设想与经典遗传学观点相对立。在遗传学的经典理论中，水稻等自花授粉作物是没有杂交优势的。美国著名的遗传学家辛诺特和邓恩在20世纪30年代撰写的《细胞遗传学》一书中，明确地强调了水稻杂交无优势。美国哈佛大学的教科书《遗传学原理》中也写道："稻麦等自花授粉作物自交不退化，杂交无优势。"而自己发现的那株"鹤立鸡群"的天然优质稻所表明的事实，显然是与经典遗传学大相径庭的。他大胆怀疑：杂种优势应该是生物界的普遍规律，自花与异花授粉作物的区别不过是繁殖方法上的不同而已，绝不是影响杂种优势有无的因素。所以，当袁隆平提出杂交水稻的研究课题时，很多权威学者认为他是蚍蜉撼树不自量力，周围充斥着反对声乃至嘲笑声。

"没有错误的实践，只有错误的理论。"袁隆平性格中倔强的一面爆发了。自己在实践观察到的现实状况，让他不能在所谓权威的震慑下低头。他反复翻看书籍，在纷繁复杂的理论书籍中寻找自己研究的理论支撑点。然而他越是探索，越是坚信自己的想法是有可行性的。他尊重权威，但不迷信权威。他大胆质疑，勇敢挑战，毅然坚持将"水稻杂交优势利用"作为自己的科研目标。

从这株"鹤立鸡群"的天然杂交稻开始，袁隆平提出了一个重大的科研命题：要在实践中利用水稻的雄性不育系，学会利用水稻的杂交优势。

经过夜以继日的反复摸索和研究，综合各门学说的理论知识和实践经验，不久，袁隆平设计的一整套人工杂交稻的方案诞生了。他准备先培育不育系、保持系和恢复系，然后，通过"三系"配套进行循环杂交，完成不育系繁殖，进行杂交制种并用于生产。

这是纵观全局后，袁隆平在研究道路上一个重大的战略决策。从此，"杂交水稻"这个概念伴随了袁隆平的一生，成为他毕生不懈追求的事业。

光阴荏苒，1963 年，袁隆平到安江农校已有十年了。他的同学都已经娶妻生子，而他却还是独身一人。其间，同事和朋友纷纷给袁隆平张罗对象，但总是缺乏缘分。

袁隆平曾经交过一位女友。那是在 1956 年，他被派到邻近一所中学去代课，一位年轻女教师被他的才华和抱负所倾倒，两人由相知到相爱。但在反右斗争中，据说袁隆平的家庭出身有问题，安江农校出现了批判袁隆平的大字报，他还差一点被划成右派。学校领导找那位女教师谈话，问她"要爱情还是要进步"，女教师不得不忍痛与袁隆平分了手，袁隆平的初恋就这样结束了。

袁隆平只能把自己的情感深埋在心底，投入到事业中。就在杂交水稻研究开始不久，他处于孤立无援的时候，爱情的花朵绽放了。

他的人品感动了一位叫邓哲的姑娘。邓哲是袁隆平的学生，袁隆平曾上过他们班的遗传育种课。邓哲在安江农校毕业后，分配在黔阳县农业局当技术员，从事农业技术推广工作。她也是因为家庭出身不好，在婚姻问题上，曾一度陷入苦恼之中。

1963年冬天，邓哲的同班同学谢万安和王业甫到邓哲家里做客，谈到了邓哲的婚事。谢万安说：

"男大当婚，女大当嫁，依我看，邓哲你也该找个如意郎君啦！"

"找不到如意的，咱就不找。"邓哲回答得很干脆。

"我给你介绍一位如意的，怎么样？"

"是哪一位？"邓哲问道。

"袁隆平老师。"

邓哲听完谢万安的这句话，羞答答地低下了头。她暗自思忖：袁隆平老师为人朴实憨厚，知识渊博，讲课语言生动且风趣，素日他喜欢与同学们开玩笑，拥有一颗不泯的童心……

这时，王业甫在一旁说道：

"邓哲，谢万安的意见我很赞同，我们了解袁老师，也了解你，倘若你俩结合，可说是天生的一对。"

两位同学的劝说是诚心诚意的，于是邓哲开始动心了，她羞怯地点了点头。

一天，王业甫就带着袁老师来了。再次见到邓哲，袁隆平才发现当年那个天真烂漫的小姑娘已经成长为一个贤淑的大姑娘，心中颇有好感；而邓哲呢，看到自己的老师仍是那么风趣、和蔼可亲，心中升起了一种特殊情感，一下子拉近了他们之间的距离。

没有过多的花前月下，也没有置办任何结婚物品，两个相知恨晚的大龄青年，仅用几斤喜糖就举行了一个非常简单的"革命化"的婚礼。这年袁隆平三十三岁，邓哲二十五岁。

"男子三十三，日头刚出山。"这爱情之花虽然推迟绽放，但芳香持久；这爱情之酒虽然缓慢酿就，但纯正浓烈。

妻子邓哲从此跟随丈夫一道踏上了漫漫的攀登之路，为袁隆平的成功做了有力的支撑。她是袁隆平事业的理解者和支持者，她是袁隆平身处逆境时的宽慰者和知己，她是袁隆平家庭生活的坚实臂膀。那些同甘共苦的事例证实了这一切。

向饥饿下『战书』

"大跃进"浮夸、冒进虚报产量之风盛行，导致国家经济的统一调度失衡。再加之全国范围内罕见的干旱，从 1960 年开始，中国大地上遭遇了人类历史上空前的饥荒。据统计，在这场浩劫中，非自然死亡人数大约 2000 万人，主要是因为饥饿而死，饱经沧桑的中华大地陷入了另一场灾难。

紧接着三年的自然灾害，让袁隆平亲身感受到了饥饿的痛苦，亲眼所见的饿殍也让袁隆平深刻地了解到"民以食为天"的含义。

饥饿之风很快刮进了湘西，也刮进了黔阳城，刮进了安江农校。学校配给的粮食有限，无论是教师还是学生，每天靠五六两口粮度日，

没有副食，山上的野菜早被饥饿的人挖光了。食堂师傅每天用大锅熬一锅汤，加点盐就算是菜了，清汤清水的一点油水都没有。师生们整天饿得饥肠辘辘，各个面黄肌瘦，无精打采。

在那个饥荒年代，农民的生活更加艰苦。三年自然灾害期间，袁隆平曾经被下放到艰苦的农村去锻炼改造，体验农村生活。农民的集体食堂里，饭是双蒸饭，米饭用水蒸一次之后，为了吸收更多的水分，就放到笼屉里再蒸一次，当时称之为"增量法"，可是饭粒看着大，吃不饱人，吃下去一会儿就饿。为了填饱肚子，食堂就另做一些"反菜"充饥，所谓"反菜"也不是蔬菜果实，而是红薯藤煮的汤，放上水之后搅烂搅碎，这种食物粗糙难以下咽，跟猪食没什么区别。

学校划给袁隆平一块山坡"自留地"，作为自给自足的菜田，以补充国家计划供应不足。那时，袁隆平与另外一位教师李国文一起，将他们的山坡地经营得绿油油的。有了自留地以后，袁隆平与李国文老师合作，种下各种菜籽，认真地施肥、浇水、锄草。春季，鲜嫩的卷心菜、菠菜、小葱、胡萝卜使人垂涎欲滴；秋季，红薯、白菜、白萝卜、红萝卜，还有香芋，引得过往的人们纷纷注目。虽然地很小，收成不多，但在那个饥荒的年代，这些瓜果蔬菜却比大鱼大肉更令人向往。

隔三岔五晚上，两人就在楼道里并排搭了两个烧柴火的炉子，炉子上放两只脸盆，萝卜、红薯、白菜满满地煮上两脸盆，然后叫上几个同事来个大会餐。同事们一边大吃，一边海侃起各地的美食，什么东坡肉、梅菜扣肉、水煮鱼……长年不见荤腥的老师们想起了所有能想到的美味，清淡的果蔬伴着幻想中的美味一起吃了下去，就是用这种方法，白萝卜也可以吃出红烧肉的味道。

又一个周末"晚宴"开始了，他们煮了一盆红薯和一盆萝卜，袁隆平与李国文敞开肚皮吞下了那盆红薯，正打算将那盆白萝卜留给晚间那些赶来搞"精神会餐"的同事们打牙祭，想不到，一位饿得浑身浮肿的学生闻"香"赶来了。走近一看，原来是农学20班的全永明同学，他走起路来直打晃，仿佛就要摔倒一般，但他的眼睛直直地盯着那盆萝卜，很显然他已经饿坏了。袁隆平看在眼里，疼在心里，还没等全永明开口，赶快说：

"小全，你来得正好，快帮老师吃掉这盆萝卜！"

饿得面有菜色的全永明听了老师的话，忙给两位老师行了一个鞠躬礼，说道：

"谢谢二位老师，那我就不客气了！"

说完，便拿过袁隆平递过来的筷子，对着炉上那盆萝卜狼吞虎咽地吃起来，一会儿工夫便将一大脸盆的萝卜给吃了个精光，两位老师看得目瞪口呆，热泪滚滚。看着被饥饿折磨的学生，袁隆平禁不住心痛地说:"这伢子饿得好苦啊!"

"谢谢二位老师!"全永明又是一声谢谢,又是一个鞠躬礼,眼含泪水转身离去。

这惨痛的一幕,震撼了这位农业科学家的心,引发了这位农业科学家的责任感,成为袁隆平前进道路上的动力,未来的"杂交水稻之父"就这样向着威胁人类的"饥饿恶魔"发起了挑战。

1962年的初春季节,袁隆平带领40多名学生,来到了黔阳县硖州公社秀建大队,老师、学生被安排在不同的老乡家里住。袁隆平住在生产队长老向家里。队里连续两年粮食减产,靠国家拨来的返销粮度荒,这位精明、能干、责任心强的生产队长,今年打算带领队员大干一场,要争取好收成。

那天一大早,雨下得很大,袁隆平刚起来,一推门进来个人,身上还穿着蓑衣,手里拿着一个袋子。袁隆平一看是老向,忙问他干什么去了,老向从袋子里抓了把稻种激动地说:

"袁老师,这是刚从八门换回来的种子,听说,使用这种子好,能增产。"

袁隆平接过稻种,边看边问:

"你们为什么要到八门换种?"

老向又用低沉的声音回答说:

"粮食这么紧张,要度过灾荒,多打粮食,要靠年成,还要靠种子好啊！去年八门使用这号种子，今年没有吃国家的返销粮。

老向接着说：

"已经连续两年粮食减产，靠国家拨来的返销粮度荒，心里很难受！今年，队里打算大干一场，要争取好收成，就全靠换来的这些好种子了。"

袁隆平饶有兴致地看着这些种子，只见这些种子颗大粒圆，籽粒饱满，他还不时地用手掂量，搓捏着。老向忍不住问：

"袁老师，听说你正在搞科学试验，你一定会为我们培育出新的稻种吧！如果研究出能增产的稻种，亩产400公斤、500公斤、1000公斤，那该多好啊！我们就可以战胜饥荒，苦日子就可以结束了。"

老向的一句话让袁隆平微微怔住了，随即陷入了沉思。老向的话语虽然朴实，可他代表了亿万人民的心声和愿望。"改良品种，战胜饥饿"，有着多么重要的意义啊！

一个普通农民朴实的话语唤醒了袁隆平作为农业科学家的良知，他深深地思索起自已肩负的历史使命，思索着自已怎样做才能报效祖国，造福苍生……

袁隆平带着一种沉重的心情回到了学校。他既为赋予的使命感到沉重，又为正在进行研究的杂交水稻感到担心。因为他的想法确实缺少理论依据，所以他的心里很没有底。

但接下来他得到了一个好消息，让他坚定了研究杂交水稻的决心。那天，袁隆平正在图书室翻阅资料，忽然，新一期《参考消息》上的一条新闻吸引了袁隆平的注意力：英、美遗传学家克里克和沃森根据孟德尔的学说，已经研制出了遗传学分子结构模型，使遗传学研究进入分子水平，从而获得了诺贝尔奖。

不久，他又从一家学报上获悉：遗传学不仅在理论上获得了重大突破，而且在生产实践中也取得了明显效果，例如杂交高粱、杂交玉米、无籽西瓜等，已经广泛应用于国内外生产。孟德尔、摩尔根遗传学说所取得的成果是显而易见的。

杂交高粱、杂交玉米都可以培育成功，那杂交水稻也是有前景的！一直被孟德尔、摩尔根遗传理论吸引的袁隆平，决心按照他们的理论，继续在科学试验中进行新的探索。

为此袁隆平制订了三年培育计划：特殊培植一些表现优异的植株，待秋季将优良种子筛选出来；第二年播种后，观察其表现，并依次找出具有遗传优异性状的植株，经过人工去雄，再进行杂交。或者将混生在稻海里的雄性不育系的材料选择出来，备做来年试验。

巨大的创造激情鼓舞着袁隆平一头扎进了忘我的劳动中。在劳动中，他忘记了自己是个知识分子，烈日炎炎的夏日，袁隆平依旧劳作在似火的骄阳下。他整天哈着腰，将混生在稻田里的雄性不育系一株株、一穗穗地辨认出来，其艰辛可想而知。

袁隆平身上背着干粮、水壶，饿了坐在地垄沟上吃一口，喝点水；累了，坐在田地里闭目养神，一会儿接着干。"夏日炎炎似火烧"，稻田地里就像一个闷热的火炉，汗水流了一层又一层，在背上结上一层盐霜，皮肤被晒得又黑又亮。他这种劳作的强度，连常年扎在水田里不怕吃苦的农民都自叹不如。他的行动让人不解，很多农民兄弟都问他：

"袁老师，您跟我们吃这份苦，到底为什么？"

是啊，为什么呢？他们不知道，在袁隆平心中藏着一个造福全人类的梦想，让人类战胜饥饿的梦想。每当这时，袁隆平都会手拿烟袋笑一笑，随即又扎进那一望无垠的稻田里。

水稻不会说话，或者说人们听不懂水稻的语言，但袁隆平却可以与水稻无声地交流。他那记录杂交水稻的图纸上，各种标记，各种颜色，各种符号，在他看来，都是世界上最美丽的图画。秋收季节，他抚摩着那一粒粒饱满的种子，他知道这里面蕴藏着一个个滋润而饱满的生命，也藏着一个让他亟待打开的神秘世界。

当年，米丘林、李森科的学说在我国遗传理论中还占据着统治地位，有些有偏见的学者，嘲笑袁隆平进行杂交水稻是搞

"伪科学"。为此,袁隆平怀着强烈的探索知识、探索真理的愿望,赶赴北京,向北京农业大学的著名教授、著名遗传学家鲍文奎去求救。

鲍文奎是个严谨的学者,在遗传学方面有自己的真知灼见。在鲍教授简朴整洁的宅舍里,袁隆平和盘托出了自己的观点。

"我认为李森科关于遗传学的著作中,空洞的哲学概念太多,用理性代替实践,他机械地把辩证法搬到生物学上来,是不是有点机械唯物论?"

鲍教授打量着这个面庞黝黑、微显清瘦的小伙子。不由得点点头,他很赞赏袁隆平敢于挑战权威的勇气,并且肯定了这位年轻人的独特见解。这位对孟德尔、摩尔根遗传学早有深入研究的遗传学家,坦诚地说出了自己的想法。他说:

"李森科在某些方面不仅表现了机械唯物论,有些东西还表现了他的主观唯心论。对于任何学说都需要研究,有比较都有鉴别,高山不弃寸土,大海不厌细流,实事求是才是做学问的态度。"

袁隆平聆听着鲍教授的教诲,连连点头称是。鲍教授问他:

"看来你对遗传学的研究很深入,你为什么要这样深入地研究遗传学呢?"

"我正在进行杂交水稻的研究,试图利用杂交优势使水稻种植达到高产。"

鲍教授赞同地点点头，而后，又意味深长地告诫年轻人说：

"俗话说：'江山易改，本性难移'，当然，这是指人性而言；可是，对于白花授粉的水稻来说，何尝不是如此。搞杂交水稻，改变水稻固有的本性，其困难可想而知。所以，年轻人，你要有冲破重重困难的思想准备啊！"

袁隆平依旧认同地点点头。接着，老教授转变话题，说：

"从事杂交水稻的研究，是洞悉生命的本质，推动生命进程的事业，也是培植人类文明的事业。从事这样的事业，是生命的价值所在。年轻人，我好羡慕你啊！"

长者的一番教诲，让袁隆平深受感动。他兴冲冲地告别了老教授，匆忙赶回安江农校。此番北京之行，让他更加坚定、更加专心致志地继续从事他所钟爱的杂交水稻事业，而这一坚持就将近半个世纪。

小试刀，大手笔

　　袁隆平是未来的科技伟人，同时也是一个凡人，一个有爱有恨、有血有肉的人。他爱父母，爱妻子，爱同事，爱老百姓。他有着农民一样的憨厚，又有着男子汉宽广的胸襟。

　　结婚后的袁隆平，与邓哲相亲相爱，小日子过得红红火火。他们二人在安江农校临时安了一个家，于是，袁隆平从单身宿舍的二层楼又搬回了平房居住。二人工作一天，回到那简陋的平房里，晚间，袅袅炊烟升起，二人把艰辛的岁月斟进酒杯，把对未来的美好祝愿斟进酒杯。

　　邓哲的一举一动，都表现出她是一位善良的女性。就拿到街上买菜这件事来说吧，要是

看见一个老年人与一个年轻人卖同样的菜，她一定会到老年人那里去买。她认为老年人出来卖菜，一定是被生活所迫，她能做的就是尽自己的一点微薄之力，帮老年人减轻点身上的负担，好让老年人卖完菜早点回家休息。

对袁隆平来说，跟邓哲结婚不仅生活中多了一个嘘寒问暖的伴侣，更重要的是，事业上多了一个不可多得的伙伴。邓哲曾是袁隆平的学生，她知道袁隆平研究杂交水稻的事迹，当时就对袁隆平这一伟大理想敬佩不已，如今有缘能跟袁隆平走到一起，她更是会全心全意支持袁隆平的事业的，她把自己摆在助手的位置上，夫唱妇随，珠联璧合。婚后不久，邓哲便与袁隆平一起探讨关于水稻杂交优势的途径。

为了获得更加翔实全面的资料，邓哲整天泡在图书馆里翻阅资料，并用本子记录下来，回到家里和丈夫一起探讨研究。经过反复总结探讨，他们最终发现只有两条路可走：

一条路是进行人工去雄。因为水稻是雌雄同花作物，一个稻穗要有100多朵花，每一朵花上都同时长有雌蕊和雄蕊，雌蕊的柱头受精后，一朵花结一粒种子。人工去雄就是用人工去掉其雄蕊，再从其他稻穗上引来雄蕊花粉进行杂交。这种方法产生的种子数量极为有限，不可能在生产上大面积推广应用。

另一条路，就是要培育出一个雄花不育的"母稻"，即自花的雄性失去生育能力，而后用其他品种的雄性花粉为"母稻"授粉杂交，从而生产出杂交种子。培育雄花不育的"母稻"，是很难做到的，这种方法国内外都没有先例。所以，在国际上有些专家断定，此路不通。

还有些学者认为，像水稻这样一朵花只结一粒种子的"单颖果作物"，利用其杂种优势，很难应用于生产。

不久，邓哲又在一份科学杂志上获得一条讯息：早在1926年，美国人琼斯便发现了水稻雄性不育现象。最早开展杂交水稻研究的是日本，而后，美国、菲律宾也展开了这项研究。尽管他们的实验手段很先进，但因技术难度大，他们的研究都先后搁浅了。因此，水稻杂交优势的利用是世界公认的难题。

这一信息无疑表明，如果他们坚持研究，就意味着走上了一条空前艰难的路，这条路是欧美发达国家都走不通的，在当时技术条件都异常落后的中国，要做这样的研究简直就是天方夜谭。

然而，袁隆平在邓哲的鼓励与支持下，偏偏要选定这个世界难题进行研究。这种"明知山有虎，偏向虎山行"的执着勇敢的科学精神不得不让人佩服。

谋定而后动。既然目标已经确定下来，袁隆平凭着他那超人的智慧，开始设计攻关的具体方案。

首先利用水稻的天然雄性不育性，进而培育出不育系、保持系和恢复系，通过"三系"配套的方法，代替人工去雄杂交，从而达到杂种优势利用的目的。

袁隆平还为"三系"配套设计了分三步走的具体方案：

第一步，寻找天然的"雄性不育株"。这是培育雄性不育系的基础。

第二步，筛选和培育保持系。即培育出一种水稻和雄性不育系杂交，使其后代能够保持雄性不育的性状，以解决雄性不育系的传宗接代的遗传问题。

第三步，筛选和培育恢复系。就是要寻找和培育出一种水稻和雄性不育系杂交，使它们的杂种第一代恢复雄性可育的能力，能使颖花自交结实。若是它们的优势强，就可以应用于大田生产。

以上就是袁隆平首创的"三系法"杂交水稻的理论设计和行动方案。

袁隆平曾经风趣地解释三系杂交水稻，他说，由于水稻是自花授粉作物，雄性不育系是远缘杂交的方法选出，它是一种雄蕊退化而雌蕊正常的"母水稻"，它不能自交结实，却能接受其他正常稻株的花粉受精结实。但不育系这个"公主"既然不育，就要为它找一个有特殊本领的"驸马"——保持系，使它的不育系能保持下来，并且代代不育。同时，又要为不育系物色另一个能使它繁殖后代的"驸马"——恢复系，将恢复系与不育系相间种植在一起，把恢复系的花粉授给不育系，这样不育系所结出的种子就有了生育功能，并且具有明显的杂种优势。这就使不育系、保持系、恢复系三者共居于一个和睦协调的"家庭"，既分工又合作。

按照袁隆平的理论方案，要在自然界找到天然的雄性不育株，作为培育雄性不育系的试验材料。这种天然不育株，生长在何处？其形态如何？这一切对袁隆平来说，都是未知数。

1964年夏，是早稻吐穗扬花的季节，也是采集雄性不育系试验材料的最佳季节。袁隆平与邓哲，双双扑进了水稻王国的怀抱，开始了一场特殊的战斗。

太阳火辣辣地直射在刚刚吐穗扬花的稻株上，也灼烤着在稻田里捕获雄性不育株的袁隆平。

袁隆平赤裸着上身，下身穿了一条短裤，沿着田垄一行行地寻觅。他拿着放大镜认真地观察着那朵朵开放的颖花，寻找有利的信息。汗水不断地从他的脸上、背上、胸膛上汩汩地冒出来，一滴滴、一串串，在他身上汇成一条条小河。可是他依旧不管不顾地擦把脸接着找，蚊虫不住地在他身上叮咬，为了不浪费这么好的日照条件，他也顾不得分神去打一下。

这时，邓哲来送饭了，她走过来，说：

"我把饭放在了田头，吃吧，快凉了。"

"你吃过了吗？"

"我还没吃，你胃口不好，趁热吃。"

"那你回去吃吧。"

他转过身去，依旧一五一十地数落颖花。邓哲摇摇头，叹息地说：

"你眼里就是那些稻花。"

他这才回过身来，笑着说：

"你回去吃饭吧！"

"你也吃吧，你胃口不好，不能吃凉饭。"

他点了点头，却依旧一五一十地数落颖花。邓哲真生气了，她大声说：

"你胃口不好，怕吃凉饭，我是趁热给你送来的。"

他这才回转过身来，和邓哲一同走向了田头吃饭。

三天过去了，还是一无所获。

为了不让邓哲再给他送饭，他上午下班后，到家狼吞虎咽地吃几口干粮就几口咸菜便下地了。汗流太多，口渴了，便到附近农家小院借水喝。他先喊上几声，见人不在，狗也不在，便自己走进小院，摇动着辘轳，从小池塘上绞上一桶水，扳住桶沿咕噜咕噜地喝。待主人回来，他已喝得肚皮溜圆了。

已经是第十三天了，可是，那让他惊喜的一幕依然还没出现，眼看扬花季节就要过了，如果到时候没有找到，只能等待下一年。想到这里，他觉得非常疲倦，两腿发软，眼冒金星。他拖着疲惫的身躯好不容易走到田头的苦楝树下，身子靠在苦楝树上，竟昏了过去。

当他醒来时，发现妻子邓哲正手拿水壶往他嘴里灌"十滴水"。

"你不要命了，这大热天的铁打的人也得中暑！"妻子忍不住埋怨他。

"没事，常有的事，命还是要的，这条命还要跟时间赛跑呢，要是不抓紧，过几天最佳时节就要过去了。"

邓哲无奈地说：

"干脆，从今天起，咱俩一块干吧！"

"这么说，咱两条命都不要啦？"他再一次调皮地冲邓哲笑了笑。

在袁隆平心目中，绝没有世俗的患得患失，只有未完成的事业。他没有被眼前的困难压倒的忧愁，只有憧憬光辉未来的喜悦。像每一位伟大的科学家一样，在他们的世界中，没有失败，只有继续探索。为了不错过千载难逢的时机，袁隆平夫妇抓紧时间再一次钻进了水稻田中，开始再一次艰难的寻找。

"踏破铁鞋无觅处，得来全不费功夫。"第十六天里，一株稻穗吸引了袁隆平的目光，只见那株稻穗的雄花花药不开裂，性状很奇特。他手拿放大镜，连声呼喊"邓哲，邓哲，快来看呀！"

邓哲连忙跑到袁隆平面前，问道："你看到了什么？"

"你看那不是退化了的雄蕊吗？"

邓哲拿过放大镜，仔细地观察着，而后也兴奋地大喊道："找到了，我们终于找到了。"

袁隆平担心自己看花了眼，再用放大镜进一步观察：花药不开裂，振动也不散粉的异样雄蕊，更清晰地显现在眼前。他马上将这株洞庭早籼天然雄性不育株，用布条加以标记。两三天内反复观察过多次，并采集花药进行显微镜检验，用碘化钾液染色体法观察花粉反应，进一步证实了这是一株雄性不育株。

这期间，袁隆平欣喜若狂！梦寐以求要寻找的水稻雄性不育株，终于找到了。

连续两年中，袁隆平带领着他的妻子，在农场和附近生产队稻田里，找到了6株雄性不育的植株。成熟时，分别采收了自然授粉的第一代雄性不育材料的种子。

经过两个春秋的试验，对水稻雄性不育材料有了较多的感性认识，袁隆平把两年来的科学数据，进行分析整理，撰写出一篇重要论文《水稻的雄性不孕性》，这篇论文在国内首开杂交水稻研究的先河，这不仅是一个简单的水稻育种课题的选定，而且开创了一个在世界上具有创新意义的研究领城。这篇论文是否会由于思维观念与众不同，以致曲高和寡呢？

然而，袁隆平是幸运的。论文虽然几经周折，险象环生，但最终还是付梓问世。当时，袁隆平投了几家学术刊物，由于论文有悖经典遗传育种理论，以及袁隆平当时谈不上有什么学术地位，论文寄出后便石沉大海。而《科学通报》却独具慧眼，1966 年 2 月 28 日，该刊第 17 卷第 4 期发表了这篇论文。

后来，袁隆平收到了中国科学院寄来的这份期刊和 50 元稿费。与自己所付出的劳动相比，50 元稿费实在可怜之至，然而这本登载着他希望的杂志却重若九鼎。手捧着这份沉甸甸的学术成果，他的心情已无法用言语来形容。然而，他没有声扬，没有宣传，让这荣耀悄悄地过去。

这篇重要论文的发表，只是袁隆平的小试牛刀，真正的挑战还在后头，第二次"绿色革命"的军号角已经吹响了。

袁门桃李

1966 年 5 月 1 日，袁隆平的第一个儿子降生了。五一国际劳动节，本来是一个大喜的日子，现在又加上宝贝儿子呱呱落地，且母子平安，健康吉祥，更是喜上加喜。不过，袁隆平只在家里喜滋滋地忙乱了小半天，就又急匆匆地往试验田里跑。

他刚要走，岳母拦住他，说："知道你放不下你的试验田，但你也得先给孩子取个名再走吧？"

"今天是五一国际劳动节，就叫他'五一'吧，既省心，又有纪念意义。再说，也符合我们家的取名传统。我在兄弟姊妹中排行第二，小名就叫'二毛'，我哥哥叫'大毛'，其余类

推。因此，我的孩子今后也不分男女，都按'五一''五二'……类推就是了。"袁隆平明明是为了省心，却引经据典地讲出了一番道理。

"唉，'五一'就'五一'吧。不过，这哪像是个中国人的名字啊，亏你还是个知识分子呢！这完全是马虎了事嘛。"岳母嘟囔着，总算勉强接受了。眨眼间，女婿就已遛得不见踪影了。于是，她又嘟囔了一声说，"唉，这孩子，说起下田实验，硬是跑得比兔子还快。"

安江农校实验园前的一片空地上，摆满了近百只盆盆钵钵。盆钵里，一株株水稻秧苗长得青翠茁壮。一名小青年正用一把木勺往盆里添水。他叫尹华奇，23岁，湖南洞口县人，是由袁隆平担任班主任的农作物23班的学生。他是一名学校特招的"社来社去"（即不包分配）的学生，因此比同届的一般中专生年龄要大一些，也更懂事。他的求知欲特别强烈，除课堂学习格外认真刻苦之外，还总是兴致勃勃地参加各种课外实验。从去年起，他就一直在课外跟随袁隆平学习水稻杂交技术，给袁隆平当助手。他不辞劳苦，学得认真，干得起劲，因而深得袁隆平的喜爱。

"尹华奇，你跟袁老师学这杂交水稻技术有用吗？"傍午时分，另一名小青年从后面的实验果园里来到这片盆钵场地，他看着满头大汗的尹华奇兴致盎然地问道。他叫李必湖，是农作物 24 班的学生，20 岁，沅陵县人，也是"社来社去"不包分配的，因而学习自觉性特别强。眼看今年就要毕业了，总想多掌握一些实用技术，将来回乡好一展身手。袁隆平虽然不是他们班的班主任，但也教了他们的遗传育种课。袁隆平这个人和他那套与众不同的实验，使李必湖非常感兴趣。

尹华奇听到问话，抬起头来抹了一把汗，见是同届同学李必湖，便兴奋地回答说："眼前看是没有用的，但听袁老师讲起来，将来那用处可不得了啊。这是科学实验，袁老师写的这个论文都上了中国科学院的学报呢！"

"我也想跟袁老师学学，可我又不是你们班的学生。不知道袁老师会不会同意。"李必湖说。

"那你问问袁老师不就得了。我看他会同意的，袁老师从不保守。他就怕你没兴趣，学不进，不怕你学得多。"

说话间，只见袁隆平正啪嗒着一双赤脚，一身泥斑，一只裤脚高、一只裤脚低地从试验田那边往这片盆钵地赶来。

"袁老师，听说您今天升级当了爸爸。怎么还有空下田实验呢？"等袁隆平走近，李必湖俏皮地跟老师开玩笑道。

"哈哈，是李必湖啊。你师母说，这田里和盆盆钵钵里的秧苗也是我的'儿女'呢。所以我就得两边兼顾呀。"袁隆平乐呵呵地回答。

"袁老师，我也想和尹华奇一样当您的助手，一块帮您照看这些'儿女'，您看好么？"李必湖看袁隆平心情高兴，趁机提出了自己的请求。

"跟我当助手，你要能吃苦才行啊。你看尹华奇，到了关键季节，连星期天都没得呢。"袁隆平严肃地说。

"实话说吧，袁老师，您说的'吃苦'，在城里人看来确实是苦。但在我们乡间农民看来就根本算不了什么。我是到学校读书才知道有星期天的，以前在家里种田时，就根本没有星期几的概念。我在乡下耕种好几年了，什么苦没吃过呀？"李必湖轻松地说道。

"好，看样子，你还真是好样的！不过，你还要有兴趣才行，你必须始终觉得干这事儿很好玩。否则，即使这事儿不算是世界上最苦最累的，你也会干得不耐烦。因为我们这实验，不知要干到何年何月才能成功。"袁隆平进一步要求说。

"就怕再过两个月一毕业，我们就没有资格跟您了。哪里还轮得到我们不耐烦？您不干这个也照样拿工资，干了这个也不能多拿一分钱工资，可您还在一直坚持干，我们还有什么可说的？"李必湖诚恳地说。

"这么说，你还真有决心。那你就和尹华奇一块儿干吧。"袁隆平终于表示了同意，说罢，便弯腰观察起了钵里的水稻秧苗。

"按照您的要求，我已经给所有的钵子都加了一遍水，您看好么？"尹华奇的脸晒得黑里透红。他一面擦拭着脸颊上的汗，一面走近袁隆平说道。

"很好，很好，你辛苦了。秧苗全都长得不错。这些种子粒粒来之不易，可得格外珍惜啊。损失一根秧苗，就是丢失一分成功的概率啊！"袁隆平真像是爱抚自己的儿女一般深情地轻轻抚摸着秧苗的叶梢说。

"袁老师，那我们现在实验的目的是什么呢？"李必湖急不可待地问。

"这个问题，我已经跟尹华奇讲过。具体的你要尹华奇给你讲。我只扼要地讲一下。这些秧苗都是我和你师母找到的天然雄性不育水稻的后代。我们现在要用各种不同品种的正常的水稻去和它们分别进行可能是成千上万次的杂交。这种杂交，我们把它叫做'测交'，因为这是一种测试，看看有哪些品种的常规水稻能使我们的不育株后代保持不育，以及分别能在多大的程度上使它们保持不育。最后，我们最少要找到一个能够使它们百分之百地保持不育的常规水稻，也就是保持系。同时，我们也要注意观察，看看有哪些品种的水稻能使不育株的后代恢复雄性可育，以及分别能在多大程度上使它们恢复可育。最后，也要找到最少是一个能够使它们百分之百地恢复可育的正常水稻品种，也就是恢复系。这就是我们目前实验的目标。"虽说是扼要，袁隆平还是讲了一大通，仍觉得意犹未尽。

"我也还有个问题不明白。为什么水稻会发生雄性不育现象呢？为什么雄性不育还会遗传呢？"尹华奇也提问说。

"哈哈，尹华奇你这是给老师出难题啊。你知道吗？你这问题现在世界上还没有一个人能给予准确的答复。我们老师现在只知其然而不知其所以然。但我们不能等到所有的问题都有了答案才去行动，比如我们知道针灸可以治病，但我们至今并不知道针灸的解剖学原理。我们可以先用其然，然后再去究其所以然。"

"但是，这并不是说我们可以不要理论依据，我们大体的还是要有一个理论框架。"说到这里，他朝尹华奇努了一下嘴。尹华奇便按照他的示意，把一个搁在空钵子上准备随时记录实验数据用的公文夹和铅笔递给了他。他便用笔在公文夹上画出了遗传图，他边画边讲，也不知过了多久，总算给讲完了。

讲完后，尹华奇递上了一把铝壶，袁隆平接过来，咕噜咕噜喝了几口水，然后放下铝壶，合上公文夹，幽默地问："哎，你们二位听懂了没有？"

尹华奇和李必湖相互对望了一眼，接着便一齐会心地笑了起来，同时犹疑地摇了摇头。尹华奇只好硬着头皮说："说没听懂嘛，又好像懂了一点。说懂了嘛，又实在还是很迷糊。真的连自己都不知道到底是懂了还是没懂。"

李必湖接着说："水稻的遗传方式看上去跟数学里的排列组合似的，但比排列组合还迷惑人。"

"哈哈，你们能听懂到这个程度就很不错了。李必湖也说得很好，水稻的杂交遗传确实是一系列基因按照其天然的内在规律所重新进行的排列组合。唉,可惜你们的文化基础还差了一点，否则，凭你们对这专业领悟能力，都够得上硕士水平了！"袁隆平很高兴他的两个学生领悟力很高。

这时候，值班工友敲响了开饭钟。该吃午饭了。袁隆平便把公文夹交给尹华奇说："你们回头把我写在里头的那些遗传公式抄到笔记本上，再好好温习温习,慢慢的就能透彻理解。好啦，吃饭去吧。"

自此以后，尹华奇与李必湖两位同学便跟着袁隆平一齐潜心研究杂交水稻。尽管历经风雨，但他们依然不离不弃地跟随着袁隆平，他们是袁隆平最得力的助手，堪称袁隆平的第一代弟子，也是所有袁门桃李的榜样。

『幸存的果实』

　　袁隆平和他的杂交水稻研究事业，还刚刚开始起步，就遇到"文化大革命"的暴风雨。

　　从 1966 年 5 月 16 日开始，这场名为"无产阶级文化大革命"的政治风暴，很快波及了祖国的每一个角落。批袁隆平的大字报专栏，足足有一百多张，除了以上这些，一张大标语上写着：

　　"彻底砸烂袁隆平反动资产阶级的坛坛罐罐！"

　　"哎呀，不好！"当看到这张标语时，袁隆平猛地转身，赶忙向他培育杂交水稻实验秧苗的 60 多个坛坛罐罐死命奔去。

　　可是，已经晚了。只见水池边 60 多个栽

种着杂交稻秧苗的钵盆全部被砸碎了，实验秧苗也被砸了个稀巴烂，丢得满地皆是。

"可怕啊，真可怕！"此时袁隆平顿时觉得天昏地暗，两手打颤，两行泪珠从这个刚强的汉子的眼眶里流了下来。

他伫立在校园门口，感到很茫然，不知自己该动向何方。当他拖着疲惫的身躯回到家里，向妻子邓哲说明他二人苦心经营的杂交水稻秧苗惨遭毁坏时，一向很坚强的邓哲也落泪了。

"隆平，你要坚持住啊，不会永远是这样，一切都会好的，厄运过后便是曙光。"

妻子的劝慰，果真给了他勇气和力量。他觉得他所能依靠的就是他的杂交水稻事业。在杂交水稻试验的齿轮中，他如同一粒杂交稻种，在风雨中成长，在烈日下成熟，他心甘情愿地来到磨石下面，而后为他所敬爱的父老乡亲献出洁白的稻米……

当天夜里，校园里静悄悄的，远处传来一两声狗吠。天放晴了，幽暗的天幕上，繁星闪烁。忽然，附近有条狗汪汪地叫了起来，袁隆平的心紧缩成一团，他害怕黑暗中窜出一条恶犬。

这时候，袁隆平听到有人敲门，他上前去开了厅门，便见两个年轻人彬彬有礼地问着"袁老师好"，然后走了进来，原来他们竟是尹华奇和李必湖。

"哎呀，你们二位这时候怎么还敢到我家里来？真是胆大包天啦！"袁隆平颇感意外而又带着几分感动说。然后让他们就着餐桌旁的小方凳坐下。

"我们是贫下中农子弟，不怕。"他二人异口同声地回答。

"现在'文化大革命'势头正盛，你们俩应该站在革命群众一边，对我进行揭发。在这个节骨眼上，不应到我家来。"袁隆平忧心忡忡地说。

"袁老师，您这话就见外了。我们可不是那种忘恩负义的小人，我们都是诚实的成年农民。我们就认定您是真心实意为老百姓谋饭吃。您的学问有大用场，我们就要学到底。"李必湖诚恳地说。

"李必湖说得有理。早几年，我们都饿得昏天黑地，就差一点儿没被饿死，至今我们家里人还食不果腹呢。我们深信您的实验必将成功，而且必将造福于天下。我们能跟着您沾上一点这项实验的边，就是我们最大的幸运了。我们怎么可能背叛您，对您落井下石呢？"尹华奇真心实意地说。

"这么说，你们两个都没有去参加砸钵子？"袁隆平疑惑地盯着他的两名学生问。

两个学生在老师严肃的审视下对视了一眼，然后忍不住嘻嘻笑出声来。

"你们笑什么？"袁隆平疑惑地问。

尹华奇先说:"不瞒您说,袁老师。我们今晚正是特意来找您商量这件事情的呢。"

"是这样的,袁老师,昨天夜里,我们听到今天要砸您的盆盆钵钵的风声,我们心里就发毛,久久无法入睡。半夜过后,我们两个就偷偷地爬起床,蹑手蹑脚地来到盆栽实验场上,分别从无花粉、花粉败育和花粉退化三种类型中各选了一钵不育系禾苗,搬到学校后面的果园里,把它们藏在园边的臭水沟里。我们怕搬多了会暴露目标,所以不敢多搬。这样虽然少了些,但毕竟没有绝种啊。您说对不?"李必湖接着说。

"袁老师,我们很快就要毕业回乡了,倘若你在学校搞不成杂交水稻,就到我们村里去搞,我俩养活你,我俩继续当你的学生。"尹华奇接着说。

听着这番感人肺腑的话,袁隆平不由得心头一热,眼眶又湿润了。这两名年轻人是多么诚实厚道、坚定可靠啊!他们不仅抢救了正在进行的实验,争取了宝贵的科研时间(否则,整个实验起码又要倒退两年以上),而且更重要的是,他们明白无误地表达了全中国农民殷切企望科学救饥的心声。他觉得没有理由再怀疑眼前这两名弟子了,不由得化悲为喜,笑逐颜开,无限感激地说:

"谢谢你们!你们真是做得太好了,想得也太好了。这真是了不起的感天动地的义举啊！老师在这里向你们鞠躬了。"

袁隆平说着，真的站起来，就要向他们弯下腰去，吓得两位学生连忙一把将他扶住。

袁隆平只好坐下说："大家都请坐吧。尹华奇、李必湖，你们两个来得很及时。有些事情，我得跟你们交代了。首先，我希望你们两个在任何情况下都要精诚团结，切磋交流，互学互帮。第二，你们下个月就要毕业，但现在搞运动，情况将会怎么变化谁也不知道。我的想法是不管怎样，不到万不得已，还是不要实行你们最后那个计划。你们也都不要急于回家去，可以先到学校实习农场当当农工，哪怕不给工资，只给饭吃都行。这样，即使我被打成了'黑帮'，也还可以偷偷地指导你们继续实验。第三，万一我有了什么大的不测，你们千万不要放弃实验，一般性的问题，你们可以和你们邓大姐商榷。最后，你们也要注意保重，公开场合，我们暂时还是疏远一点好。虽说你们'根正苗红'，不可能把你们打成'黑帮'，但和我这样的人显得太亲密，对你们的影响总归是不利的。你们要注意策略，不要作无谓的牺牲。你们看怎么样？"

"我们听从老师的指点。这么说，我们就努力去争取留校吧。我们唯一的愿望就是能继续跟随您学习和实验。"两名学生不约而同地说。

"那就这样吧，你们先回去休息。呆会儿，我再悄悄去果园里看看那三株不育禾苗。为免目标太大，你们就不要去了。反正沿着那条水沟，我自己就能找到。"袁隆平说。

说完后，李必湖和尹华奇便离开了袁隆平家。

就这样过了几天，奇怪的是，造反派和工作组迟迟没有把他揪进"牛棚"。这使得他有幸继续偷偷摸摸地挨近那臭水沟，提心吊胆地经营着他那几盆残存的杂交水稻秧苗。

这一天下午，学校文革办公室的一个佩戴红卫兵袖章的学生，叩响了袁隆平家的门扉。虽然说袁隆平早已做好了挨批斗、进"牛棚"的思想准备，但这位红卫兵的到来，还是把全家吓了一跳。

"小同学，要批斗我吗？"

"工作组王组长让我叫你到文革办公室去一下，我也不知道这是否与开批斗会有关。你准备一下，去找王组长吧，我要布置批斗会的会场去。"

于是，袁隆平便自己一个人去了。袁隆平叩响了文革办公室的大门，见那里挤满了戴红袖章的红卫兵，人们叽叽喳喳，像是在争论着什么。在众目睽睽之下，袁隆平装做非常镇静的样子来到王组长面前，问道：

"王组长，你找我有事吗？"

"哈哈，是老袁来啦。好，好，好。我正在等你哩。请坐，请坐。"令人意外的是，王组长竟然异常客气地接待了他，一见面就笑呵呵地跟他握手问好，给他倒茶让座。

"王组长，您是不是要跟我谈关于晚上开批斗会的事？"袁隆平索性自己把窗户纸捅破，以便结束这令人难捱的时光。

"批斗会？唉！那是原先的安排，今晚的批斗会与你无关了。"王组长先是一愣，然后又一笑说，"你怎么知道今晚要开你的批斗会？"

"你派去叫我的那个学生对我说的。"

"哦，小毛孩真是乱弹琴。好了，我们不说这个了。"王组长转开了话题，"我想请教一下，你说那个孟德尔－摩尔根学说是怎么回事啊？"

"说请教我可不敢当，那我就简单地介绍一下吧。孟德尔是19世纪初的奥地利人，摩尔根是20世纪初的美国人。他们是当今世界经典遗传学的奠基者和创新发展者。苏联学术界曾批判他们的学说是资产阶级反动学说，但自从苏联伪科学家李森科的罪行暴露以后，世界遗传学界已经没有人再怀疑他们的学说了。我国1956年制定的发展科学技术12年规划，也把他们的学说研究列入了几个发展项目之中。其实，他们两个都不是资产者，孟德尔是一个修道士，小时候家里很穷，连书都读不起，他没有受过正规教育，知识全是自学的，他的遗传学研究也是在修道院当园丁的时候业余搞的。摩尔根作为一名美国教授，顶多不过算个中产阶级而已。"袁隆平解释说。

王组长对袁隆平的一席话表示理解，他说："这么说，孟德尔－摩尔根的学说，只是一种遗传学的科学理论而已，今后还是可以继续研究的嘛，怎么能把研究他们学说的人批判为宣扬反动资产阶级学说呢，真是乱弹琴！"接着，王组长把话题一转，说：

"我今天找你来，主要是想请你给工作组选一块晚稻试验田，还要请你当技术参谋。你现在实验的田块是哪一丘？"

"大垅六号。不过水肥条件要差一点。"袁隆平心里的一块石头总算落地了。王组长的话，简直有点使他喜出望外了。

"行，差一点就差一点，就选你那一丘吧。"王组长爽快地说，"另外，听说你还写了一篇论文，发表在中国科学院的《科学通报》上，是吗？"

"是的，今年2月发表的。这都是小资产阶级成名成家思想在作怪，我以后再也不写了。"

"嗯，不能这样说，你还要多写。前一段时间，砸掉你的盆栽实验禾苗是不对的。你的实验是为了粮食增产，很有价值，很有前途。"末了，王组长又直视袁隆平的眼睛，意味深长地笑着说，"今后你不必每天夜里偷偷摸摸往果园跑了，你可以把你藏着的禾苗端出来继续公开实验了。革命和科研可以两不误嘛。"

袁隆平听了不禁吓了一跳。原来工作组对他的行踪竟掌握得如此清楚，而王组长竟能如此开明，这种现象，真令他百思不得其解。直到一年后，袁隆平才得知缘由。原来，当时工作组本已确定了要把他列为"黑帮分子"，并派人秘密监视他的行踪。但就在这时，国家科委来了一份公函，称赞袁隆平的论文水平很高，让学校大力支持他的研究，这才有了那场戏剧性的变化。

就这样，在安江农校的校园里，袁隆平有幸又把他的杂交水稻从臭水沟里搬到了试验田里，工作组还特许他每天上午不参加运动，搞他的杂交水稻试验。当许多教师在政治旋涡中苦苦挣扎的时候，袁隆平却成了一位很特殊的幸运儿。

未破的迷案

1966 年 6 月，在获得国家科委来函的特别保护之后，袁隆平叫尹华奇、李必湖把死里逃生的三钵不育株从臭水沟里端出来，他们光明正大地进行了测交，夏收时三个类型各收获了数百粒种子。

1967 年初，湖南省科委将"水稻雄性不育"课题正式列入省级科研项目，他们时常派人来帮助袁隆平解决一些实际困难。第一年帮他解决了 600 元的科研经费，以后逐年增加。袁隆平利用这有限的经费，从一个瓦窑买了百十个烧废了的瓦盆，作为培育水稻雄性不育系的实验设备。湖南省农业厅同时批准袁隆平的请求，将尹华奇、李必湖两名本来应该回乡种田的毕

业生，留在学校，给袁隆平作科研助手，暂定每人每月发给 18 元生活费，由农业厅拨付。当年 6 月，由袁隆平、李必湖、尹华奇师生三人组成的"水稻雄性不育科研小组"正式成立。学校在中古盘 7 号田拨出了 0.5 亩上等好地作为他们的试验田。

到 1968 年春，袁隆平和李必湖、尹华奇师徒三人从毁灭边缘抢救出来的三株雄性不育水稻，已经发展到足以载满两三分田的不育株群体了。

一场春雨过后，湘楚大地阳光普照，那嫩嫩的秧苗，一天天长大，分蘖、拔节、抽穗，每株秧苗都分出了三五个蘖，长势非常喜人。这段时间，尹华奇还带了无花粉型去广东繁育，退花型和败育型不育材料生长在中古盘 7 号田。

袁隆平每走进中古盘 7 号田，总是贪婪地呼吸着那杂交水稻所发出的气息，聆听秧苗的细语和雌花发出的求助。他看着那雌花，突然感受到了一种美好和安宁。然而，这种安宁却是短暂的。

5 月 18 日的这一天，正好是星期六，袁隆平为那些雄性不育材料做了 70 多块带有不同标记的小木标，那些小木标，就像一个个小卫士挺立在秧苗身边。而后，袁隆平依依不舍地离开了中古盘 7 号田。

这期间，他的第二个儿子五二降生了。袁隆平回到家里，把小五二抱到怀里，亲了又亲，感受着家庭的温暖，他没有想到此刻正有人在背后偷偷地陷害他。

5月19日，是星期日，天气晴好。早饭后，他亲吻了五一、五二，而后骑一辆自行车急匆匆地直奔他的试验田。然而，试验田的景象却令他大吃一惊，昨天傍晚他还看见好好的两分田雄性不育禾苗，仅仅过了一夜，就一蔸不剩全都不翼而飞了，试验田里只留下了一些乱七八糟的脚印。第一回大难不死后，又经过两年多的努力，好不容易重新培育出来的这批珍贵的实验材料，又一次惨遭不测。

天哪！这可是省里立项的实验哪，都有人敢如此肆意破坏，这个无法无天的世界啊……

袁隆平顿时觉得脑袋里嗡嗡作响，思维仿佛已经丧失了，脑子里一阵麻，两眼发直，手脚冰凉，但眼泪还是情不自禁地往下流。他已经说不出话了，只有缄默。

他在泥地里呆坐良久，才回过一口气来，带着一屁股污泥，开始四处寻找被拔禾苗的下落。他几乎翻遍了整个农场及附近农民的田地，最后终于在一潭污泥里，发现了五株半埋着的实验秧苗。他如获至宝，小心翼翼地拾起来，像手捧珠宝那样，把这五株残苗捧回了家。他又跑回学校向有关组织报了案，但是，当时整个社会处于一派纷乱之中，谁也没有心思和精力来认真处理这桩"区区小事"。

无奈之下，袁隆平只得依靠自己继续到处寻觅禾苗踪迹。5月21日，也就是事发后的第四天，他在学校西侧的一口水井里，发现水上浮着几根秧苗，捞起来一看，又是五株，正是自己珍贵的水稻雄性不育株。他想也没想，"扑通"一声就跳进了井里，不顾一切地打捞着。他虽得过游泳冠军，水性很好，但水井的直径太小，再好的水上功夫也无法施展。水井又很深，若潜入井底转不过身来，必死无疑。无奈，他只得又攀着井沿爬上岸来，回校重新请求有关负责人，借来一台抽水机。等把井水抽干，终于发现带着一坨坨泥巴的雄性不育株全都沉在井底，但捞起时已经全部沤烂。禾苗动向总算有了下落，但造成的损失已经无法弥补。这就是震惊黔阳地区的"五一八毁禾案"。

　　说来，这本是一件很好破的案子，因为案犯在田里和田岸上都留下了脚印；而情况又清楚地表明，案犯作案的目的，既不是谋财也不是害命，而纯粹是为了破坏袁隆平的实验，阻止他的成功，因而嫌疑人的排查范围也就可以缩得很小，只有熟悉袁隆平并且知道他的实验性质，而又对他抱有深深的嫉妒心的人，才会去干这种无利可言的勾当。只要稍微费点精力，便可真相大白。但就是这样一个简单明了的破坏科研案，竟在那纷乱无序的年头被糊弄成了一件永久的悬案，至今仍然是一个谜。

　　事情如此也就罢了，更为严重的是，紧接着又传出风声，说据分析，"五一八毁禾案"是袁隆平自己所为。说他以科研为名，骗取名利，连续几年不出成果，骑虎难下，无法向上级交代，便自己把禾苗毁掉，嫁祸于他人，为的是给自己找台阶下。恰在这时，省里一位常规水稻育种专家来到学校，发表意见时认为水稻是自花授粉作物，自交不退化，杂交无优势，因此，研究水稻杂交是没有前途的。

学校校政的"工宣队"和不久后成立的"革委会"领导，显然相信了这一判断。但他们又没有得到直接证据，也就不好贸然给人定罪，但言谈间，却难免流露出一丝讥笑讽刺和挖苦，并明确表示学校不再支持这项据说是"连三岁小孩都会玩的把戏"。"水稻雄性不育科研小组"名存实亡了。袁隆平则在一些人的眼里变成了比"臭老九"还臭的"科研骗子"。

安江农校，再也没有袁隆平的容身之地了。1969 年 6 月，"革委会"干脆一道命令，将袁隆平和刚刚被宣布解放的"黑帮"们一行十数人，抽调到溆浦县低庄煤矿去劳动锻炼。

命运尽管跟袁隆平开着各种各样的玩笑，但他对杂交水稻的研究依然情有独钟。下煤矿挖煤之前，他召集两位弟子开了一个三人小组会议。他说：

"我不得不离开你们一段时间了，今后还允不允许我从事专业研究，我也不知道，估计是不会允许了。但是'水稻雄性不育科研小组'并没有撤销，因为'水稻雄性不育科研小组'是省里批准组建的，杂交水稻的科研课题是省科委立项的，所以，我们不应该放弃。具体怎么搞，我还会利用业余时间来指导你们。我是不会放弃这项研究的，我的心和我的业余时间是别人掠夺不了的。我不在校的时候，你们有问题，可以到溆浦县低庄煤矿来找我。"

"不行，袁老师。我们不能离开您，研究实验也不能离开您。我们才不会相信那些攻击污蔑您的鬼话哩，我们决心跟您干到底，不获成功，决不罢休！"尹华奇、李必湖异口同声地说。

"你们信任我，我很感激。但是调不调离我，可由不得我们做主啊。我还是学校的老师，归学校管着呢。"袁隆平苦笑一下，无奈地说。

"袁老师，既这么说，您就先放心下煤矿去吧。反正我们都是成年人，有些事情，我们知道怎么处理的。"李必湖说。

"学问上的事，我们会随时来请教您的。"尹华奇接着说。

"很好，这我就放心了。我头上这顶'科研骗子'的帽子也就摘除有望了。哈哈……"袁隆平说罢，竟欣慰地笑了起来。他那从不记伤痛，从不把烦恼久埋心间的开朗性格，使他又一次在逆境和困厄面前显示了自己的强大和从容，并深深地感染着他的两名弟子。

袁隆平被下放到低庄煤矿后不久尹华奇、李必湖就毫不犹豫地给湖南省科委、农业厅和国家科委又是发电报又是写信，反映杂交水稻科研工作所遇到的严重困境，请求上级责成安江农校将袁隆平调回，以便该项重要科研工作得以继续进行。

湖南省科委和农业厅对此非常重视，当即派人到学校了解情况，证明尹、李二人反映情况属实。经过研究讨论，考虑到科研项目事关重大，放在基层单位研究，各方面关系都难以协调，于是干脆决定将研究收上来交给湖南省农业科学院具体主管。在农科院成立了"湖南省水稻雄性不育科研协作组"，由农科院配备一位干部任组长，由袁隆平主持业务，尹华奇和李必湖继续充当袁隆平的业务助手。与此同时，从有关单位抽调了一批业务骨干，充实到科研协作组，以求加快科研进度。

当袁隆平被诬陷为"科研骗子"而感到孤立无援的时候，在他最需要支持的时候，他的弟子们站出来了，再一次带给了他意想不到的感动。袁隆平从他的两位弟子那里得到了真诚的友情。他与他的弟子之间的友情，无论在多么恶劣的环境下，都能保持到最佳状态。这种友情，使他们共同穿越苦难，走向成功的巅峰。

袁隆平是科研课题的主持人，他的心里很着急。眼看一年一度路边的稻谷绿了又黄，黄了又绿，时间不等人，岁月不饶人，他心里急啊！

又是八月稻谷黄，又是九月秋风凉。邓哲知道，这将是袁隆平打起背包去南繁的时候了。

每逢分别，他们很少说话，只是两双手握在一起，就像两颗心系在了一起。袁隆平深知妻子对他的依恋，对他的牵挂，对他的百般嘱托。他冲她点点头，而后调头离去，留给邓哲一个洒脱而又倔强的背影……

松鼠朋友

自 1968 年开始，袁隆平带着他的两个弟子李必湖和尹华奇，像一只只候鸟，寒来暑往，到南国来育种。袁隆平师徒三人，像当年唐僧带着他的徒弟西天取经那样，先是步行，而后是乘汽车，倒火车，转水路，一路颠簸，虽然没遇上九九八十一难，却是一路血汗，一路饥渴。

海南岛，地处北纬 20 度以南，年平均气温 23.9℃，最南端高于 25℃，是我国的"天然大温室"。特别是冬季的海南岛，光照充足，每月日照 100 小时以上，最南端可达 180 小时，常夏无冬，人称"育种者的天堂"。袁隆平与他的助手们从 1968 年开始，利用海南岛冬春

季节有利的气候条件，每年到三亚南红农场进行杂交稻的育种和制种，以加快世代繁殖效应。

袁隆平师徒三人所落脚的南红农场，只有极少的茅草舍屋有床，多数人住的是竹竿、秫秸搭的地铺，吃苦在前的袁隆平自然住的是这样的地铺。他的学生不忍心老师住在这样的环境下，想方设法为他搞到一张床。袁隆平微笑着说：

"睡啥床都没什么关系，睡着以后就无所谓客房与茅草屋了，就是总统套间还不是一码子事？"

起初，他们的住所连灯都没有，夜晚，袁隆平要读书攻关，怎么办呢？于是，蜡烛、煤油灯、菜油灯，准备得一应俱全，用完一盏还有一盏，盏盏油灯，闪闪烁烁，照耀着他那黑瘦又多皱纹的脸庞。从那个年代过来的袁隆平，前进道路上是没有什么困难克服不了的。

居住在海南那一望无际的荒野里，天气炎热，夜晚成群结队的蚊虫，咬得他浑身发痒。为了防止蚊虫叮咬，他只有用盖稻秧的薄膜把全身裹得严严实实；可是，薄膜不透气，闷如蒸笼，一夜之间就会闷出一身热疮。

人们都说海南的生活条件很艰苦，袁隆平却没有被艰苦的环境所吓倒，他反而认为海南是一个美丽的绿色王国，林木葱茏，水草丰茂，真正是一片培育良种的乐土。

海南有密林，人们可以自由地走来走去。走进密林，松鼠不时地奔窜着，这些小精灵，吱吱地叫着，独来独往，像是一个个不合群的淘气孩子，它们在树枝间攀援、跳跃。

其中有一只棕色大松鼠，眨着黑眼睛，抖动着狐形大嘴巴，从树干上跳下来，走近袁隆平。袁隆平将早已准备好的自己舍不得吃的饼干，放进手掌里，喂给松鼠吃。此时的袁隆平像是一个贪玩的孩子与松鼠嬉戏，好不快乐。

在海南南红农场，与袁隆平时常相伴的是一只小小的松鼠。每天早晨，这只松鼠都会站在小溪边，在晨光下，伸出前爪来洗脸，梳理皮毛。两颗黑豆粒般的眼珠，向着袁隆平一转一转的，有时冲他尖叫一声，有时还把那条又长又粗的尾巴翘得老高。几乎每天早晨袁隆平都会与这只松鼠有一次美好的约会。他与这只松鼠朋友友好相处，心情极好。他觉得他与他的松鼠朋友原本都是大自然的宠儿。

他们师生三人好不容易从劫后余生的 10 株秧苗中，又选育了这些雄性不育株，满怀希望地照料着这些"遗孤"，可是它们却再一次遭受了不小的劫难……

1969 年冬季，袁隆平与尹华奇、李必湖来到了云南省南部的元江县。

美丽的元江县，位于北回归线的北侧。大雪一过，北国已是冰封雪冻，连亚热带区域内的湖南省都变得寒风萧瑟，万物萧条了，然而，这里却依旧温暖如春。

云南和海南岛都是我国育种家的天堂。

师生三人来到云南以后，借住在元江县农技站的一栋无人居住的空平房里，租用该站的若干水田，繁殖他们的不育系。

12月29日，他们把珍贵的稻种浸下了水。

1970年1月1日，浸透的稻种已进入催芽期。就在这天晚上，袁隆平还在睡梦中，他感觉自己正坐在一辆摇摇晃晃的破车上，突然，车在一面悬岩边翻了，他被翻滚着的破车抛出车外，在一个无底的深渊中飞速下坠……一觉惊醒，犹觉得冷汗浃背，顺手拉亮电灯，便见电灯、房子、床铺等一切真的都在摇晃，墙壁正在裂缝；他一骨碌滚下床，还没来得及发出一声惊叫，天花板上掉下的一大块石灰就"啪"的一声砸在他的脑袋上，纷纷扬扬的石灰粉撒了他一身，他觉得脑袋一阵痛，一股呛鼻的灰土味直扑喉管。"不好，地震！"一个恐怖的念头在脑中一闪，他便再也顾不得多想，放开嗓子对分别睡在旁边两张床上的尹华奇、李必湖大叫："快起来，快起来，往外跑，地震啦！"

这时，尹华奇、李必湖也已经被震醒，滚身下床懵懂不知是怎么回事。听到老师叫喊，才赶紧一起上前拉了老师，冲出屋门。

"糟糕，我们的种谷还在屋里呢！"尹华奇突然惊叫起来。

"哎呀，我们去抢出来吧！"李必湖跟着叫道。

说着，两个人就要往屋里冲。

"站住，蹲下不许动！"袁隆平猛吼一声，又将他们按倒在地，这才又接着说道，"种谷砸不坏，何苦去做无谓的牺牲。"

话音刚落，只听得"轰隆"一声，砖木结构的小平房整个倒塌了，两个小伙子不由得后怕得连连咋舌："好险哪，要不是老师按住，我们俩就没命了。"

一会儿，他们感到一丝丝寒意袭来，他们这才意识到，刚才逃跑得太匆忙，还没来得及穿衣服，三个人都是短裤背心，光胳膊光腿的，虽是南方热带边沿，仍不免冷得发抖。现在到处黑咕隆咚的，袁隆平的手表也没来得及拿出来，谁也不知是什么时候了。过了一会儿，农技站的党支部书记老周就晃着一只手电筒过来了，还好，他们自己住的房子没有倒塌，全农技站的人员都跑出来了，只有少数几个人受了伤。老周告诉他们现在正是凌晨1点半，并叫人给他们送来几件衣服，寒夜总算对付过去了。

天亮后，余震仍然不断，大地不时跳动着。老周叫人从废墟里帮他们扒出了谷种，翻出衣服行李和一应用品，然后遗憾地对他们说：

"你们快走吧，这里危险，城里乡下都倒了不少房子，水电设备也被破坏了，生活供应必然困难。你们留在这里很难熬的。"

"谢谢您的关怀，老周。"袁隆平感激地说，"但是我们不打算走，我们的谷种都已经爆芽了，一走就全完了。这可不是一般的种子，它们粒粒都是金啊！"

于是，他们在农技站水泥球场上用塑料薄膜盖起一个窝棚，在水泥地上垫上稻草，稻草上铺上一张草席，便把家重新安顿了下来。粮食供应发生了困难，他们就向当地农民买香蕉和甘蔗吃。一天吃两顿，早餐吃香蕉或甘蔗，晚餐吃大米饭。幸好甘蔗能使人百吃不厌；这里的甘蔗又大又甜，喜好甜食的袁隆平早把夫人的谆谆教诲丢到了九霄云外，一边吃，还一边盛赞云南人的甘蔗种得好，一定要带几根回去，让湖南人长长见识。

袁隆平将他们加代繁育的雄性不育材料命名为 C、D 两个系统。无花型不育株命名为 C 系统，花粉败育和退化型不育株命名为 D 系统。

5 月初，沐浴着师生三人心血和汗水长大的又一代不育系种终于成熟了。然而，令人遗憾的是，通过这一轮实验，他们的 C、D 系统不育系的繁殖不育率，不仅没有提高，反而由原来的 70% 下降到了 60% 多。自 1964 年发现第一棵不育株至今，在整整 6 年时间内，他们已经先后用 1000 多个品种的常规水稻，与最初找到的不育株及其后代进行了 3000 多个测交和回交实验，始终还没有找到一个能使他们的不育系后代 100% 保持不育系的水稻品种。这就表明，尽管他们付出了 6 个年头的心血和汗水，但是仍然还没有为自己的不育系找到一个真正有用的保持系。

坚冰怎样才能融化？僵局怎样才能打破？难题怎样才能解决？

袁隆平一遍又一遍地回顾自己所走过的道路。他苦苦思索，寻找攻克水稻杂交优势的正确方法。他回顾几年来所有的实验材料，他发现自己转来转去都没有离开栽培稻这个怪圈。他忽然意识到，从地理环境到生物学特征，其亲缘关系都比较近，这可能就是其症结所在。

袁隆平忽然灵感迸发，他想，倘若把杂交材料的亲缘关系尽力拉大，其效果可能会好得多。袁隆平决定重新调整研究方案，他决定从亲本选择入手，走远缘杂交的道路。袁隆平力图用这一新的方案打破杂交水稻科学研究的僵局。

从海南到云南，杂交水稻繁殖了一代又一代，他不厌其烦地回顾与反思。不成功的，他立即舍弃；成功的，加倍珍惜。他们所取得的成功，是一笔财富，属于物质的，也是属于精神的；属于伟大祖国的，也是属于袁隆平的。袁隆平的新方案带给伟大祖国的将是巨大的胜利和成功。

1970 年夏季，袁隆平在与日本学者交流时，确立了"此路不通走他路"的思维方式，这进一步加强了他寻找野生稻的决心。他认为，雄性不育系的原始亲本是一株自然突变的雄性不育株，杂交高粱的研究便是从天然雄性不育株开始的，所以，水稻也可能存在天然雄性不育株。

1970 年仲秋季节，袁隆平带领他的助手李必湖、尹华奇来到海南岛的崖县南红农场，一边继续加代繁殖，选育 C 系统雄性不育材料，一边考察野生水稻资源。

为了寻找野生雄性不育材料，他们常常十天半月穿越在广袤的荒野之中，往往是走到哪

里就在哪里就餐，而且每每是伴着潺潺的泉水或者清凌凌的溪水而就餐。他们如同一个探险队，在一段时间里，到处寻找雄性不育材料。他们徒步跋涉，但他们的背包里，不是旅行者所必备的生活必需品，而是一穗又一穗的稻谷。

1970 年 11 月中旬，袁隆平安排李必湖和尹华奇除经营他们的杂交稻试验田外，还要继续寻找野生稻。而他独自北上进京查阅资料，并向有关专家咨询遗传的几个理论问题。

在新近进口的各国重要科学期刊中，又读到了许多颇有教益的、生动活泼的新思想、新理论和新见解。其中还有一条非常重要的信息，那就是日本琉球大学教授新城长友用粳稻品种钦苏拉——包罗Ⅱ为母本，与台中 65 杂交，育成 BT 型台中 65 不育系，同时把台中 65 不育系中的部分可育株自交育成了 BT 型不育系的同质恢复系，实现了"三系"配套。只是由于其杂交组合 F1 代优势不明显，因而尚未能投入生产应用。

这实在是一个惊人的消息，人家都已经实现"三系"配套了，我们的部分理论权威却与现实脱节，还在闭目塞听地把国内正在进行的同类实验斥责为"异想天开"！这真的是很可怕的落后和无知！

还好，他搜索了所有的最新期刊，都没有发现籼型水稻实现"三系"配套的报道。而他们所实验研究的则正是这个尚未见突破的籼型水稻杂交项目。这就表明，只要抓紧进行，以自己为代表的中国杂交水稻研究，仍有抢在世界之先，成为一项重大应用性生物学工程的希望。但无论如何，形势都已是十分严峻，时不我待了！

他的弟子李必湖和尹华奇在老师的安排下，也争分夺秒，寻找野生稻。

其实，海南岛一带，野生稻资源十分丰富，分布也很广。本地人称野生稻为假禾。

一天，南红农场技术员冯克珊来到他们的住所，与他们聊天，自然而然地聊起了野生稻，并谈到了袁隆平为他们描绘的野生稻形态及其有关知识。冯克珊听了连连说：

"野生稻嘛，我们这里称之为假禾，有的，这里遍野都是。"

"那么，我们可以从野生稻丛中找到雄性不育材料吗？"

"试试看吧！"

1970年11月23日的上午，冯克珊与李必湖一同来到一块沼泽地，沼泽地中生长着成片的杂草。就在这片沼泽地中，他们发现了一片野生稻。李必湖跟着袁隆平辨别雄性不育株已经有6年历史了，他学着老师的样子，在野生稻群中一株株地仔细观察，仔细辨别，一丝不苟地审视着这一株株花开正盛的野生稻。李必湖突然眼睛一亮，他发现了一株很不一样的野生稻。

它分蘖成三个稻穗，只见这三个正在扬花的稻穗，花药细瘦，呈火箭形，色泽浅黄，不开裂散粉。李必湖断定这是一株野生的雄性不育株，他小心翼翼地将这株比金子还珍贵的野生雄性不育稻株连根带泥挖出来，用衣服包住，带回试验田。同时，李必湖还给正在北京的袁隆平发了一封报喜的电报。

袁隆平收到了学生发来的电报，他意识到这又是一个重要契机。时不我待！他连票都没来得及买，连夜爬上火车，直下广州，急转海南。到达后，他把包一丢，连水也没喝一口，就叫两个学生下了试验田。

试验田里，一株正在扬花的野生稻已经被移栽在一片广矮3784水稻的旁边。李必湖他们正等着老师回来做最后的鉴定。

袁隆平经观察后，又在三茎稻穗上各采集了一朵小花，回到屋里放在100倍显微镜下进行检查，最终证实，这的确是一株十分难得的碘败型花粉败育的野生稻雄性不育株。这是在原有的C、D系统之外找到的又一个不育种质资源，而且是一个非常理想的远缘野生资源，它无疑是对现有实验范围的一次意义重大的突破。真是可喜可贺！

"小伙子们，干得好，干得好啊！"袁隆平兴奋得眉飞色舞，连连叫好，"鉴于它是一株野生的碘败型花粉败育雄性不育株，我们就把它命名为'野败'吧。哈哈，'野败'，我们的又一份瑰宝！"

"那我们今天晚餐来瓶酒庆贺一下吧！"尹华奇说。

"行！李必湖切腊肉，尹华奇去买瓶酒，把冯克珊也叫来。我们一起干一杯。"袁隆平高兴地说。

有意味的是，省领导要求组织省内科研力量进协作组协同袁隆平开展研究。然而，事实上，权威专家没有一个有兴趣参与这项研究。1970年夏，省里曾经召开了一个四五十名专家参加的杂交水稻科研座谈会，会上相信袁隆平的科研设想的人寥寥无几。

尽管农业和遗传学界多数高层学者对杂交水稻研究表示怀疑甚至反对，但出于对粮食增产的迫切需求，1971年初，国家科委和农业部还是断然决定组织该项目的全国性协作攻关。各省均派了农业科技人员，来到袁隆平小组的驻地，参与研究。说是"协作攻关"，其实各省科技人员，对于杂交水稻研究的理论和实验几乎全都从未接触过，这无疑使袁隆平又一次面临着一个重大抉择：是封锁独占现有的技术成果，还是无条件、无限度地传授扩散它们？

这时，"野败"的杂交F1代已经表现出非常优越的雄性不育保持功能，寻找保持系突破在即。这份凝聚着师生三人整整8年心血和汗水的宝贵成果，至今为止，还只有他们自己知道它的价值，要做到技术保密是非常容易的。按照国际学术界的通例，在这种情况下，任何项目主持者都不可能容忍别人以"协作者"的名义横插进来分享成功。

然而，在这种求天下之功，还是谋一己之功的重要抉择关头，袁隆平几乎没有经过什么重大的思想斗争，就毫不犹豫地选择了前者。无论谁最先实验成功，都是中国的成功。

为了使新来的各省市的科研人员迅速入门，尽快形成科研实力，并尽早取得科研成果，袁隆平在住地农场借用了教室，架起黑板；一连二十几天，白天手把手地教大家，晚上对大家进行理论教学，真正是一天当做一个月来用，收效十分显著。

4月，"野败"的又一代种子收获了。早在上月，袁隆平就已经让他们参观了李必湖、尹华奇给"野败"进行杂交繁殖的全过程。现在，他又把为数不多的、十分宝贵的"野败"种子分送给各省朋友每人几粒，使他们能利用现有的成果，高起点切入课题，边学边练边干，一步到位地正式进入实验研究状态，争分夺秒、最大限度地为大家赢得了研究时间和尽早成功的机会。

福建农科院的同志在杂交研究中碰到了困难，袁隆平心急如焚，把自己仅有的一蔸"野败"第二代不育株，从田里挖出一半，用塑料袋包好，亲自送到科研组住地。

广西农学院的张先程，来得较迟，没有分到"野败"种子，向袁隆平要一斤不育种子，袁隆平却慷慨地给了两斤。

事实很快就表明了，无私地向世界敞开胸怀，把成功的希望发给了全国各地每一个参研人员的袁隆平，同时也以其高尚的德行征服了大家。各省的科研人员，无一不把袁隆平视为尊敬的良师益友，心甘情愿地自认是袁先生的徒弟，并且以此为荣。无须任何机构任命，袁隆平就这样自然而然地上升到整个中国杂交水稻研究的总设计师和最高学术技术统帅地位。在整个杂交水稻科研领域，已经没有任何人能够动摇他的这一崇高学术地位。

在很短的时间内，来自全国几十个科研单位的逾百名科研人员，使用上千个品种，与"野败"进行了上万个回交转育。

袁隆平、周坤炉等育出了"二九南一号"，"V20"不育系和保持系；江西萍乡市农科所颜龙安等育出了"珍汕97"不育系和保持系；福建的杨聚宝等育出了"威41"不育系和保持系。到1972年各地已选育出了一批不育系和保持系。

但是，恢复系仍然没有找到。"三系"不配套，杂交稻依然不算培育成功。

袁隆平是个实践家，他开创的杂交水稻研究事业，就是靠实践起家；现在，还是靠实践，解决了理论上一次又一次争论。袁隆平在实践中具有非凡的洞察能力，在他的实验材料中，他已发现了具有恢复基因的苗头。他满怀信心地推断，恢复系一定会在近期内筛选出来。

袁隆平的科学预见，果然在第二年就变成了现实。

由于有袁隆平这位总设计师和攻关主将的运筹帷幄，再加上开展全国大协作，大大加快了"三系"配套进程。

1972 年 3 月，杂交稻被列为全国重点科研项目，组织全国大协作攻关。同年 9 月，在湖南长沙召开了第一次全国杂交水稻科研协作会，形成了全国范围的攻关协作网。许多农业科研机关、大专院校的专业力量，分担了杂交稻的基础理论研究，他们同育种工作者密切配合，对水稻"三系"和杂交组合，进行细胞学、遗传学、生理生态学等方面的研究，紧密配合了协作攻关。

1973 年，全国农业科学技术人员齐心协力，广泛选用我国长江流域、华南以及东南亚、非洲、美洲、欧洲等地的 1000 多个品种进行测交筛选，先后筛选出了 100 多个具有恢复能力的品种。

袁隆平和他的弟子们率先找到了一批优势很强的恢复系。至此，按照袁隆平起初对杂交水稻的理论设计——雄性不育系、保持系、恢复系"三系"配套宣告成功！

原来有人预言："三系三系，三代人也搞不成器！"而事实上，不是三代人，而是短短的三年时间内，"三系"就配套成功了。

袁隆平的愿望终于实现了！水稻"三系"在党和人民的期望中终于诞生了！它浸透着他十年的心血，饱含着他十年的心血，饱含着国内许多科研工作者的智慧和辛劳。它的诞生，预示着我国应用水稻杂种优势的时刻即将到来。

十年，光阴荏苒，袁隆平他们用青春、理智、才能、忍耐和毅力迈过了一个个坎坷，赢来了胜利的曙光，青年时那个"高产水稻梦"就要变成活生生的现实。

『东方魔稻』

1972年，为了验证杂交水稻的优势，袁隆平叫罗孝和在湖南省农业科学院的试验田里，提前用尚未完全定型的不育系和恢复系，配制了一些实验性的杂交组合 F1 代种子，播种和栽培在长沙马坡岭的 0.4 亩试验田里，以观察其表现。初期和中期，实验稻长势非常喜人，估计单产起码可达 500 公斤以上。罗孝和高兴得两眼放光，见人就吹那是一片性状超母本、超父本、超对照品种的"三超稻"。经他一宣传，弄得当时的省农科院军管组长兼革委会主任连忙报告省军区政委兼省革委会生产组组长，说是有片杂交水稻长得如何如何了不得云云。这位领导同志闻讯大喜，首先亲自单独前来视察

后，又召集全省各地区生产组负责人和有关科技人员前来参观。但秋收季节，意想不到的事情发生了，那"三超稻"在打谷场上一验产，稻草比对照品种增产了一倍多，而稻谷的产量却显得很一般，比常规稻品种多不了几斤。

于是，本来就反对杂交水稻研究的省内农学界权威人士便乘机嘲笑说："可惜人不吃草哇，要是人能吃草，杂交水稻这优势就太可观了！"

还有几位颇有地位的反对人士，竟然在农科院革委会上公然指责那位革委会主任为什么要支持这种徒劳无益的研究，弄得那位主任也无言以对，不好下台。只好把罗孝和叫去责问，问他为什么要耍花招，欺骗领导。

罗孝和一时说不出话来，不知如何解释，只得默默忍受了一顿臭骂，忍气吞声地回到了他的住所，找到袁隆平以后，很无奈地说：

"袁老兄，我们的杂交水稻研究怕要被取消了。人家都讥笑我们是只长草不长谷的'草包学士'，院革委会主要领导的态度都动摇了呢！"

果然，第二天，袁隆平就被找去问话了，内容同样是关于杂交水稻只长草不长谷的责问。

"政委同志，实际上，我们这个试验并不是应用性的试验。

我们只是想通过这个试验观察在某一种情况之下，杂交水稻是否有优势，优势有多大，以及其优势表现在哪些方面。然后，我们要根据试验结果，不断改变配组对象，取得多种结果来进行分析研究，最后才能找到适合于应用的最佳组合。因此，总的来讲，我们现在离杂交水稻的推广应用还有一点，但并不是很大的距离。"袁隆平不紧不慢地说。

"照你这么说，杂交稻有优势，而且最终肯定不会光增产稻草，不增产稻谷，是这样吗？"领导表情舒缓下来问。

"我可以百分之百打保票，并以我的人格担保，不出一年，就可以使杂交水稻的优势转移到生殖上，也就是长谷上来！"袁隆平胸有成竹、信心十足地保证说。

"那就好，杂交水稻还是大有前途的嘛！你们就大胆地去搞你们的'最佳组合'吧，我们将会一如既往地支持你们！"领导恢复信心后坚定地说。

几天后，袁隆平就率队进驻海南岛试验基地。1973 年初春季节，袁隆平亲自在海南岛南红基地配制了 10 多公斤杂交稻种。回长沙后，分给他的助手们试种。

1973 年秋季，李必湖、尹华奇、罗孝和等在湖南省农科院试验田里，种下了袁隆平配制的种子，虽然只中耕一次，施肥一次，可收获时，亩产高达 505 公斤。

同年，湖南省农科院在这丘田附近，组织全国和省里几位劳模用 5 亩上等好地进行丰产竞赛，精耕细作，偏水偏肥，各方面都给予了最优越的条件，5 亩田，只有 1 亩亩产勉强超过500 公斤。

杂交稻优势初露端倪。第二年，袁隆平扩大了试验，各点都取得了显著效果。以湖南的一些试验田为例，在同等条件下，一般每亩增产稻谷一二百斤，比当地优良品种增产 20%。常规良种的草谷比为一比一，杂交稻则为一比一点四，杂交优势很大程度发挥到稻谷上来了。

后来，袁隆平又不断总结经验，探索出选择亲缘关系比较远、优良经济状能互补、亲本之一是高产品种的恢复系和不育系杂交，就可选育出营养、生殖优势并茂的一批批早、中、晚稻的优良组合来。

1974 年，袁隆平育成了中国第一个强势组合"南优 2 号"，在安江农校试种，中稻亩产 1256 斤，作双季晚稻示范栽培，20多亩，亩产 1022 斤。

杂交水稻生产应用性试验的结果，用无可辩驳的事实，确定无疑地向人们展示了杂交水稻完全可以大幅度增产的辉煌前景。但是，新的问题又出现了。

杂交水稻能否进入大规模生产，还取决于能否及时和足量地为生产者提供经济合算的优势杂种。可是，他们制种试验田的产量很低，每亩生产杂交种子只有 5.5 公斤。提高制种产量，又成为袁隆平科技攻关的新课题。这一课题成功与否，也成了杂交稻能否大面积推广的关键。

真像唐僧取经一样，九九八十一难，少过一道坎也到不了西天啊！这时，好像有人专门要跟杂交水稻过不去似的，一旦出现问题，立即又有人断言：

"水稻花粉量少、寿命短，雌蕊柱头小，且多数品种不外露，每日开花时间又短，这一系列不利于异花授粉的特性，注定了杂交水稻过不了制种关。即使三系配了套，又有显著高产优势，也无法在生产上大面积推广应用。"

对于这些议论，袁隆平毫不在意。他心里非常明白，现在，他唯一的敌人就是那道耸立在他面前，阻挡着杂交水稻走向大田生产的制种技术屏障。而那些所谓先生们的断言，已经不能对他构成任何威胁。

袁隆平对杂交水稻的探秘总是百折不挠，一往无前。他总是身先士卒，为了攻克制种高产这一关，他守在制种田里，几乎不分昼夜。终日太阳下曝晒自不必说，刮风了，下雨了，他也不肯躲避，时常戴着一顶破斗笠，留在制种田里，死死盯守。

终于，通过观察，他很快就发现，杂交水稻制种产量的高低，与花粉数量（即分布密度）虽然有关，但主要并不取决于花粉数量，而取决于父、母本扬花的时间能否一致（即花期能否相遇），异花父本的花粉能否借助风力和人力均匀地散落在不育系的母本花药上。

1974年11月底的一个闷热的午夜，在昏黄的电灯光下，袁隆平忽然扔下铅笔，"咚"地拍了一掌桌子，"呼"的一声站了起来，当即叫醒了所有正在睡觉的科技人员。所有人都打着哈欠，头脑还没完全清醒。

"唔，什么事这么急慌慌的？"罗孝和问。

"罗孝和，我想问你一个问题。你今年37岁，要是37年前，你爸爸没有遇见你妈妈，今天会有你吗？"袁隆平做出一副神情诡秘的样子问。

"袁老兄你尽开玩笑，我还以为是什么大事呢。"罗孝和表示不满地说，故意避而不答。

"嘿嘿，袁老师，您今天真有意思。难道您半夜三更把我们叫起来，就是为了这么个问题吗？"周坤炉也有点丈二和尚摸不着头脑，因而笑着反问说。

"噢，我知道了，我知道了！"忽然，尹华奇主动跳了起来，叫着说，"假设罗孝和爸爸为杂交水稻父本，他妈妈为母本，如果父本与母本花期完全错过不遇，就不会有罗孝和。如果花期没有完全错过，那么，部分相遇的雄雌花交配就会结出少量种子；如果花期完全重合，那就能使母本颖花全部受精，从而结出大量种子。"

"所以，杂交水稻制种要高产，关键就是要使父、母本的花期完全重合！哈哈，我也知道啦。"李必湖也抢着说。

"哦，原来如此！"众人这才如梦方醒。于是一个个都惊叹不已，不得不赞叹袁隆平的这一高见。

1975年春，经过实践验证，袁隆平的理论设想和技术设计全面切实，效果显著，当季田间试验，杂交种子亩产就突破了50公斤。1977年，袁隆平发表了重要论文《杂交水稻制种与高产的关键技术》，正式确立了杂交水稻制种的科学技术规范和操作规程，宣告了杂交水稻制种技术的初步成型。

随着时光的推移，袁隆平和他的助手们掌握杂交稻制种高产的方法越来越熟练。他们依据杂交稻不同的生长期，采取父本与母本分期播种的办法，并采取调节温度、控制水肥、施用生长激素等办法，调整父本与母本之间的花期，使之尽可能完满地重合。

除父本和母本分期播种以外，为了解决花期不遇的问题，袁隆平还采取了另外一种补救措施。一般不育系的母本分为开花、盛花和谢花三个时间段，他围绕母本这三个时间段，将父本分三期播种，分别将三批父本的盛花期接连不断地对准母本的开花、盛花和谢花的三个时间段。这样，即使第一批父本的盛花期没有和母本的盛花期重合，第二批，第三批，总有一批能够重合，这样就可以确保万无一失。

于是，杂交水稻大面积高产制种的时机成熟了。

1975年冬，湖南省拨款100万元，拨粮150万公斤，组织800人，任命袁隆平为技术总顾问，赴海南制种3.3万亩，拉开了全国大规模南繁制种的序幕。当年正式大面积制种，亩产即普遍超过50公斤，最高亩产达到150公斤；以至后来，全国制种亩产普遍超过200公斤，最高亩产达近400公斤。

1976年，杂交水稻开始在湖南，随即在全国遍地开花结果，当年推广208万亩，增产幅度全部在20%以上。试种杂交水稻的农民无不喜笑颜开。

水稻的高产使农民们高兴不已，长期以来为温饱而挣扎的农民看到了希望，看到了未来，他们从对杂交水稻这个"新生者"的惊讶，迅速地转为对它产生了依恋，同时牢牢地记住了"袁隆平"这个创造神话的人物。群众每当看到杂交稻田头边"金镶边""银镶边"的丰收景象时，都称赞杂交稻是"幸福稻""翻身稻"！一位生产队长说："种杂交水稻连不费劲，亩产就达到1000斤，我们愿意种栽这种水稻。"有位农民说得好：

"我们解决吃饭问题靠'两平',一靠邓小平（责任制），二靠袁隆平（杂交稻）。"这是一靠政策、二靠科学的形象说法，说出了中国亿万农民的心里话！

在国外，人们则把袁隆平研制的杂交水稻称为"东方魔稻"。

怀念父亲

　　1975 年 3 月，袁隆平结束实验，从海南经长沙风尘仆仆地回到了安江镇，回到了妻子邓哲的身边。

　　他在一块试验田里见到了邓哲。他顾不得寒暄，忙把邓哲拉到了田头，说：

　　"邓哲，我曾经做过一个梦。"

　　"梦见了谁？"

　　"梦见了在安江农校咱俩经营的试验田里，我俩共同培植的杂交水稻长得像高粱那么高，穗子像扫把那么长，粒子像花生米一样大。我和你散步累了，就坐在稻穗下边乘凉。"

　　邓哲为袁隆平丰富的想象力和天真的好奇心感到吃惊。

但邓哲听完丈夫的一番梦语，欣喜的脸上突然收住了笑容，眼中充满了泪水。袁隆平隐隐觉得有什么事发生了，这时他发现了邓哲左臂上佩戴着一块黑纱，他似乎已经知道发生了什么。他惊恐地指着黑纱问邓哲："这是怎么回事？"

"咱们的父亲在重庆病逝了。"邓哲眼含热泪告诉丈夫。

"你去重庆奔丧了吗？"

"我在父亲的病榻前服侍了一个多月。"

"为什么不通知我？"

"我本想打电报告诉你的，但考虑到你正在攻关，耽误你一刻，弄不好就要误事一年，所以我就忍住了。后来，征求你父母意见，他们也都说国事为大，家事为小，坚决要我别告诉你；而且说我是儿女中在他老人家面前尽力最多的，已经替你尽过孝了，就不必一定要你亲自到场。再后，兄弟妯娌们也都说你肩上担子太重，别打搅你，由我代表你跟他们一块儿把事情办好就行了。"邓哲向他报告经过说。

"我很感谢你们。你们都这样理解我的工作意义，体谅我的精神重负，尤其是你，能一人独当两任，妥善安排好两边家事，使我能专心研究，这实在是我的福分啊。不过，这也够叫我内疚的了。一方面父亲去世未能送终，总归难免有点遗憾；另一方面，让你拖着三个儿子、一个侄儿在家，本来就够苦够累了，结果还要烦劳你去重庆替我尽孝，这也未免太难为你了。"袁隆平歉疚地说。

邓哲总是那样通情达理，善解人意。她说："这些，你就别搁在心里了。为老人尽孝的事，主要也不在于一个形式。父亲临终前说，他不希望你度过一个平庸、平淡的人生；他祝愿你走在一条平安、平静的人生道路上……"

听了邓哲的一番叙述，袁隆平怀着沉痛的心情，随手抓起一把田头的红土，用力地攥着，只觉得手中的红土在融化，在沸腾，在他体内燃烧起了熊熊的火焰；只觉得一股悲痛的激情，撞击着他的心扉。他发誓，要以优异的科研成果告慰父亲的在天之灵。

袁隆平的父亲袁兴烈本来擅长经济，并不习惯从政，但在国土沦陷，平汉铁路被日寇侵占因而自己失业的情况下，只好走上军政界混碗饭吃。抗战胜利后，他又随国民党政府复员南京，在经济委员会当个事务科长。解放前夕，他回到抗战时期曾驻足 8 年的重庆当了一名寓公，靠妻子在一个塑料厂当食堂会计和自己偶尔做点小生意维持生活，辛辛苦苦把几个儿女都培育到大学毕业参加工作。

父亲原本有很高的文化水平和很强的经营能力，他热情爱国，体恤民困。不仅为抗战的胜利做出了无私的奉献，解放前几年在政府小职员任上时，还从事"第二职业"，买了两条木船，带着江西德安一班家族穷兄弟，在长江上经营货运业，生意做得很红火。但解放后，因为头戴着一顶"历史反革命"的政治帽子而无法施展才华，只得无所作为地打发时光，了此残生，他的内心之凄苦是可想而知的。好在6名子女个个成才成器，而尤以袁隆平能为国计民生贡献超群才华，受到党和人民政府的高度信任和重视，这自然要算是终生最大的安慰了。然而，临到父亲生命终结之际，自己竟没有把一分应有的孝心和安慰亲自送到老人家的面前，这怎能不叫袁隆平内心感到深深的不安？

这天晚上，袁隆平久久难以入睡。他索性披起衣服，下床来，走向月色映照下的山村原野，面对西方，向父亲深深地三鞠躬，而后，与父亲进行了一次长时间的"对话"。

"爸爸，我晓得你这一生活得很累，你离开我们确实太早了。"

"我未曾觉得累，因为我生养了你们几个很有出息的儿女。"

"爸爸，你此生乐的是什么呢？"

"我此生之所乐是娶了你的母亲华静为妻。她聪慧干练，为我生下了隆津、隆平、隆赣、隆德、隆湘5个儿子，你们兄弟5人都大学毕业投身祖国的建设，个个成才。这是我此生最为欣慰之事。"

"爸爸，有人说，没有经过磨难的人，便成就不了伟大的事业。我觉得自己已经体验到了炼狱之苦，所以也就体验到了天堂之乐。"

"隆平，你的话是对的。但是，即使你现在已经体验到了天堂之乐，但也还要保持一颗平静的心。人生的闪光是暂时的，辉煌是暂时的，只有平淡才是永远的。"

"爸爸，我的后半生要坚守事业，放弃从政之路。你赞同我的选择吗？"

"隆平，我赞同你的选择。人的一生能够保持对事业的坚守是很不容易的。因为这样的坚守，就意味着战胜困难和挫折；这样的坚守，就意味着克服自己的浮躁和见异思迁；这样的坚守，就意味着必要的放弃。必要的放弃，是另一种意义上的获取。"

当他与辞世的父亲经过一番长时间的心灵"对话"之后，只觉得心情平静了许多。直到夜很深了，他才回到家。

他对妻子邓哲说：

"感谢你替我侍奉父亲。"

"父亲和母亲替我们精心地照看五一，他们时时刻刻都在为我们着想。"邓哲非常平和地回答丈夫，接着说下去，"我们的父亲陪伴着母亲，晚年生活是黯淡的，在物质和精神两个方面都缺少一般老年人应有的色彩。如今母亲也卧病在床，你的兄弟姊妹没一个在重庆工作，我已经跟母亲说了，等你从海南回来，就去接她来跟我们一块过，让她安度晚年。"

"邓哲，你竟然这么大度，我可真要向你致敬了！"袁隆平眼含热泪，激动不已地说，"老实说，我还正在考虑要把母亲接过来，而又感到无法跟你开口呢。你可是知道，我虽然小时候最会顽皮闯祸，但越是叫她操心的孩子，就越容易使她感到亲近啦；加上你这个媳妇又豁达大方，最好相处，所以，尽管我的兄弟姊妹不少，但从心理上讲，她肯定会最乐意跟我们一块儿生活的。不过，这一来，你又要增加一分照顾老人的负担了。"

"这你就别操心了。我嫁你袁家就是有备而来的。世界上都是起于寒微的老公越杰出，老婆就越受累呀。你想杰出吗？那你就放心让你老婆受累吧！"邓哲幽默地说。

就在 1975 年的初冬季节，袁隆平回到重庆，将老人接到安江农校团聚了。

华静喜欢给孙子们讲故事，她不仅讲《灰姑娘》《渔夫和金鱼的故事》，而且给儿孙们讲述日本军当年在中国犯下的累累罪行。这些悲惨的故事，老奶奶往往用她那极富感染力的语言讲出来，对孩子们幼小的心灵产生了极大的震撼。

这位知识渊博的奶奶，如同当年教导小袁隆平一般，用讲故事的形式对孙儿们进行启蒙教育，对孙儿们的成长产生了深远的影响。

遗憾的是，这位贤淑的老奶奶不久后便卧病在床，邓哲在床前尽心地服侍，周到细微，毕恭毕敬。

袁隆平总是怀着感激的心情对邓哲说：

"多亏你替我照顾我母亲。"

"这是我应该做的。"邓哲每每听到这种话时，总是这样淡淡地回答。

"我们的母亲曾经是无所不能的，现在却卧病在床。为此她的心里很难受，害怕自己成为我们的累赘。"袁隆平伤心地说。

"请你告诉母亲，她不是我们的累赘，她是我们的骄傲，我为她培养出了你这样一位优秀的杂交水稻专家而骄傲。你还有更重要的事要做，照料母亲就需要我来做了。如今，母亲需要我来照料，我必须毫不犹豫地把母亲照料好，这样的机会是不会太多的，而且失去了就不会再来了。"

邓哲说到这里，袁隆平脸上早已布满了泪水。"娶到邓哲这样的妻子，真是我袁隆平一生的福气啊。娶妻如此，夫复何求啊！"袁隆平不由地想。接着，他为妻子戴上了从天涯海角买来的那串珍珠项链，这也是他送给妻子为数不多的礼物之一……

当个科学家

1978 年以后，杂交水稻在全国种植面积急剧扩大，当年即达近 6400 万亩，1983 年开始突破 1 亿亩；连杂交制种技术也已从技术人员手里转移到了寻常农民之手。"三系"杂交水稻随着家庭联产承包责任制的实行，成了一项进入千家万户的成熟技术。

1978 年 3 月的北京披上了崭新的春装。凉丝丝、湿润润的春风拂面而来，一些不知名的花草在春日里散发着淡淡的香气。那条笔直的中关村大道两旁的白杨树抽出了嫩嫩的绿芽，一片生机盎然。就在这个万物萌生的春天里，袁隆平怀着兴奋的心情步入全国科学大会的会堂。这次科学大会聚集了来自全国各地各个科

学门类的 2000 多位科学精英。

在这次科学大会上，袁隆平真正读懂了"知识分子"的意义，读懂了"科学家"的含义，读懂了人生的价值。他想，他要当个真正的科学家，为人民谋福利。

当年已经年逾四十的袁隆平似乎更加成熟了，似乎对人生有了更为透彻的了解。在这个改革开放的年代里，他将充分展露自己的才华，以自己的才能，奉献于伟大的时代。

迎着改革开放的春天，湖南杂交水稻研究中心成立了，袁隆平被任命为这个研究中心的主任。杂交水稻科研队伍日渐扩大，在袁隆平的带领下，这支队伍上下一心，加快了杂交水稻研究的步伐。

这期间，袁隆平写出了大量的学术论文和专著。1976 年，袁隆平出版了专著《杂交水稻》。1977 年，发表了重要的学术论文《杂交水稻培育的实践与理论》。这篇论文的发表，对于杂交水稻的发展、扩大"三系"杂交水稻的成果，起着巨大的推动作用。

作为一位伟大的科学家，理所当然地受到人民的信任和尊重，所以，渐渐地，一些荣誉和地位开始向袁隆平身上集结：1978 年 2 月，他被推选为第五届全国人民代表大会代表；3 月，再度进京出席全国科学大会，并获杂交水稻研究项目奖和科研人员个人奖；6 月被选为湖南省先进教育工作者，并出席全省教育工作者先进代表大会；10月出席湖南省科学大会，并获湖南省个人发明奖；1979年，先后当选为农业部科学技术委员会委员、中国作物学会副理事长、中国遗传学会理事、湖南省遗传育种学会副理事长、湖南省农学会理事。

各级政府请袁隆平当科技顾问，以及许多大学和科研机构请他当客座教授，他都乐意接受。到90年代以后，他除担任了联合国粮农组织首席顾问之外，还担任了我国农业部，许多省、市、县政府的科技顾问，以及武汉大学、西南农业大学、江西宜春学院等多所大学的客座教授，完全无偿地为聘请单位提供咨询及教学服务。

袁隆平是这样一个人，他失意的时候不气馁，得意的时候不忘形，分外的事虽有利而不为，分内的事虽无利而为之，终生都安于自己的科研事业。

袁隆平始终把自己的精力放在研究杂交水稻的新品种、新体系方面，他总是极力避免涉足杂交水稻之外的事。袁隆平对杂交水稻的恒心，来自一种伟大的理想，来自一个伟大的目标，他是一个真正的科学家！

　　自从 1972 年中美关系破冰之后，中国科技界与国际科技界的学术交流活动也逐渐增加。自 1979 年以来，按照菲律宾国际水稻研究所的安排，袁隆平不断出访世界各国，帮助不同肤色的民族培植杂交水稻。他多次赴菲律宾、印度、越南、马来西亚、缅甸等发展中国家，指导当地科学技术人员培植杂交水稻；赴美国、英国、法国、意大利、日本等发达国家登台讲学，传授技术，培训农业技术专家。

　　袁隆平第一次走出国门是 1979 年春天，他应邀参加菲律宾国际水稻研究所举办的一次学术研讨会。

　　菲律宾国际水稻研究所是由美国洛克菲勒

基金会资助的，是国际上最权威的水稻专门研究机构。它设在菲律宾首都马尼拉远郊的洛斯马洛斯镇。

参加这次会议的有 20 多个国家的 200 多名科学家，中国科学院应邀组织了一个由 4 人参加的专家小组，袁隆平便是这个专家小组的成员之一。袁隆平因在杂交水稻研究方面所作的开创性贡献，被邀请在大会上宣读论文。袁隆平经过精心准备，用英文撰写了论文《中国杂交水稻育种》。

因为是第一次出国，所以事前准备工作非常紧张。袁隆平最担心的是英语，关键是口语，毕竟从未出过国，直接跟讲英语的人交流很少；解放后 30 年来也基本没有使用过英语，突然一下子进入完全的英语环境，自己能行吗？尽管母亲从小教他学英语，并在一旁鼓励他，但母亲毕竟也只有高中文化水平，对于高级生物学领域的许多专有名词和术语也把握不准。但袁隆平想到，作为中华民族的一员，必须把我们的思路，我们的成功推销出去，展示我国科研上的丰采。于是，他抓紧时间，到北京借了一批专业英语磁带，回家边听边练，经过半个月的突击，心里总算稍稍有点底了。

按照研讨会的规定，每个专家组由两人登台发言，其中一人宣读论文，一人现场答辩。其余不发言者，可以听人发言和任意提问。中国专家组推举袁隆平宣读论文，推举中国农业科学院的研究员林世成答辩。但因为林先生对杂交水稻不熟悉，感到无法答辩，最后还是改由袁隆平答辩。

会议开始了，第一组发言的便是日本的新城长友和一位美国教授。由美国教授宣读论文，新城长友答辩。新城长友早在1968年便搞成了杂交粳米稻"三系"配套，但因始终没有解决制种技术问题和F1代杂种优势问题而搁浅。但在学术上，他的创举无疑是意义重大的。所以，他们的首席发言无疑是很成功的。

轮到中国组发言了。林世成先生用流利的英语在规定时间内读完了论文，便由袁隆平进行答辩。

日本专家新城长友第一个提问："请问袁先生，据你们论文中提供的数据，中国杂交水稻制种的异交结实率很高。你们是怎样达到这个水准的呢？"

"我们认为最重要的一点就是要使母本不育系与父本的花期准时相遇，再施以人工辅助办法，施行人工'赶粉'。"尽管新城先生提问不够流利，但袁隆平还是听懂了他的问题，并立即给予准确回答。几句话一出口，连他自己都感到吃惊，原来他竟能非常流畅地用英语表达自己的思想，没有一点儿困难。

"请问袁先生，'赶粉'是什么意思？"一位澳大利亚学者问道。

袁隆平微微一笑，回答说："这是我们中国农民发明的新词汇。它的意思就是在杂交水稻不育系和恢复系扬花期的晴天午间，由人拿一根竹竿，横向推动父本的茎秆，使稻穗大幅度摇摆，抖动雄蕊，使花粉急剧飘散，并最充分地扩大分布范围。这样就可以使更多的母本雌蕊受精，从而提高结实率。这动作就像贵国牧民赶羊一样，所以，我国农民就形象地称之为'赶粉'了。"袁隆平这时已经完全放松了，他有了很大的自信，他的口语完全能够应对自如。

他的生动解答立即引起了满堂友好的笑声和掌声。

"袁先生的回答很有情趣。想想看，一粒粒小小的雄花粉，用人工的办法引它随风飘飞，当它如意地飘落到雌蕊柱头时，它们便会结出可爱的果实。那该是多么有趣的景致啊！"新城长友幽默地说着。他接着问道："在我们的实验中，常遇到这样一个问题，杂交水稻的不育系母本普遍存在包颈的问题，请问你们是否也遇到了这一问题？怎样去解决？"

"您说得对，我们也遇到了同样的问题。我们目前所找到的办法是喷施'920'（赤霉素），刺激'母稻'抽穗。"袁隆平简练地回答说。

袁隆平生动明快的答复，赢得了专家们的赞许。

这次会议，外国专家看到了中国杂交水稻的魅力，袁隆平的智慧赢得了国内外科学家的肯定和赞赏，他的敬业和吃苦精神深受人们的崇敬和爱戴。他们不得不公认：中国的杂交水稻研究和应用居世界前列，袁隆平是世界杂交水稻研究的泰斗和领军人。

1982 年的秋天，马尼拉洛斯马洛斯镇国际水稻研究所的学术报告厅里，数百个座位座无虚席。国际水稻科技界的盛会又一次在这里举行。

自从 1979 年中国专家小组在这里宣布杂交水稻技术在中国成功应用以来，短短 3 年内，世界上杂交水稻的研究者差不多已经翻了一番，今天坐在这个大厅里的，就有许多新面孔。

会议开始后，国际水稻研究所所长斯瓦米纳森博士庄重地将袁隆平引向主席台。这时,字幕上显示出了袁隆平的巨幅头像，头像下方，是一排醒目的黑体英文字：

"Yuan Longping，the Father of Hyrid Rice"（杂交水稻之父袁隆平）

与此同时，报告厅里掌声、欢呼声如暴风骤雨般响起，经久不息。

斯瓦米纳森博士做了一个"暂停"手势以后，人们顿时安静下来。只听他侃侃而谈：

"先生们，朋友们：

今天，我十分荣幸地在这里向你们郑重地介绍我的伟大的朋友、杰出的中国科学家、我们国际水稻研究所的特邀研究员——袁隆平先生。

我们把袁隆平先生称为杂交水稻之父，他是当之无愧的。他的成就不仅是中国的骄傲，也是世界的骄傲。他的成就给世界带来了福音！"

掌声、欢呼声再次响彻大厅，不少人挥手向袁隆平致意！对于此节场景的安排，袁隆平毫不知情，因此，这番突如其来的隆重介绍，着实使袁隆平大吃一惊。但他还是彬彬有礼地向台下来自世界各国的专家学者挥手致意，又以中国礼节向大家深深鞠了一躬，然后用英语流利地说道：

"各位先生、各位朋友：

今天，能和各位老朋友在这里再次相聚，与各位新朋友在这里相识，我感到无比的愉快和荣幸。非常感激斯瓦米纳森博士对我的介绍和夸奖。我虽然在杂交水稻的研究方面做出了一点成绩，但不值得各位朋友如此隆重的推崇。我感谢大家的深情厚意，并愿借此机会在这里表示，我们中国科学家非常乐意和世界各国科技界朋友互相学习，携手并肩，为科学的进步和人类的幸福创造出更多的新成果。我也希望在这里听到更多关于水稻研究方面的精辟见解和新颖思路，使我从大家的发言中获得更多的启发和教益。谢谢！"

来自世界五大洲的专家、学者，对台上的袁隆平一致投去尊敬和钦羡的目光……

"亲爱的博士先生，您今天这样'突然袭击'，大张旗鼓地"贩卖'我，可真叫我有点措手不及呀。"会后，袁隆平开玩笑地说。

"我就是特意要给您一个惊喜呀。"斯瓦米纳森博士愉快地说，"您对人类所作的贡献确实太大啦！"

此后，一些报纸和刊物陆续登出了袁隆平的大幅照片，并专题介绍了袁隆平这位"杂交水稻之父"。从此，袁隆平的名字与"杂交水稻之父"的美誉不胫而走，享誉全球。

袁隆平和他的助手们，自 1979 年以来，先后飞往菲律宾国际水稻研究所 20 多次，或是与来自世界各地的专家、学者开展广泛合作，或是讲学，或是指导栽培，与各国朋友建立了深厚的友谊。

袁隆平赢得了世界的尊敬。在一次国际学术会议上，有一名德国青年学者正好坐在他身边，他一眼认出了袁隆平，连忙站起来激动地对他说："您是'杂交水稻之父'袁隆平！"并深深地向袁隆平鞠了个躬。还有一次在出国的旅途中，飞机上一位外国学者认出了他，于是袁隆平乘坐这班飞机的消息马上传遍了机上的所有乘客，一时间飞机上不再平静，空姐只得急忙用广播请大家安静下来。还有 1986 年 10 月在长沙举办的世界首届杂交水稻国际学术会议上，国际水稻研究所所长斯瓦米纳森盛赞袁隆平的战略思路为"世界第三次绿色革命"。国际水稻研究所的另一位高级专家乌马里博士则称长沙是各国水稻研究者的圣地"麦加"，还说"如果你没有见过'杂交水稻之父'袁隆平，那你的科研旅途才刚起步"。

袁隆平与杂交水稻，从中国走向了世界！

攻克两系关

尽管进入 20 世纪 80 年代之后，国内国际荣誉铺天盖地而来，但袁隆平一天也没有迷失自己。科技发展永无止境，国际科技界的竞争日益激烈，稍不留神打个盹，就要被世界抛在后面。要想保持杂交水稻研究的世界领先地位谈何容易？

袁隆平总是不停地耕耘着。20 世纪 80 年代中期，面对世界性的饥荒，袁隆平再次萌发了一个惊人的设想，大胆提出了杂交水稻超高产的育种课题，以解决更大范围的饥饿问题。

袁隆平提出了他的新设想：根据唯物辩证法原理，任何事物都是一分为二的，有"负"必有"正"，如果将籼稻的细胞核导入进化程

度较高的粳稻细胞质中，育成粳质籼核的"核质杂种"，就可能出现"正效应"。这种"核质杂种"，其后代既可能具有高产的杂交优势，又可能恢复正常育性。那时就不再需要年年制种了。

袁隆平的两系法杂交水稻的研究战略构想，得到了中国科学家的积极响应，受到了国家的高度重视。1987年，两系法杂交水稻研究被列为国家高技术发展计划（"863计划"）生物工程项目中的101-1号专题，开展全国性的协作攻关。袁隆平出任该课题的专题组长、首席责任专家，从而使全国的杂交水稻研究出现了重点转移。

技术路线是决定育种成败的关键因素，作为两系法杂交水稻研究的首席责任专家，袁隆平在制定技术路线的同时，也感到身上的千钧重担。

这又是前人没有走过的路。纵有开山斧，难劈万仞山。有人对他说，你已经功成名就，见好就收吧。万一搞砸了，岂不坏了名声？

然而他的回答却是："搞科研如同跳高，跳过一个高度，又有新的高度在等着你。要是不跳，早晚要落在后头。退一步说，即使跳不过，也可为后人积累经验。个人的荣辱得失又算得了什么！"袁隆平的回答，无疑是创新者无惧无私所具有的宝贵品质和人格魅力。

实现两系法，简单地说，就是要使原来的不育系、保持系和恢复系三系中省去一系，同样达到应用杂种优势的目的。从哪里下手呢？

袁隆平在思考、探索中决定大胆以光温敏核不育与广亲和性为基础，向两系法进军。

1987年7月16日，师从李必湖的青年教师邓华凤在袁隆平的理论指导下，在籼稻中发现了一株光敏核不育株。当时由于李必湖正在美国指导育种，考虑到自己经验不足，邓华凤只好缄默不向其他人谈及这件事，自己暗中认真进行跟踪观察。

9月底的一天，袁隆平决定到安江农校指导检查两系法核不育材料的研究情况。袁隆平来到试验田，一个个地询问了研究进展情况，这时，邓华凤正好也在试验田，他看到袁隆平来了，非常高兴地将自己发现光敏核不育株的情况向袁隆平作了详细的汇报。

"袁老师，在您和李必湖老师的多次辅导下，我按照你们讲授的方法集中精力寻找光敏核不育材料。7月16日，我在籼稻三系不育材料中，找到了一株雄花败育的突变株。我立即将其搬回，并进行隔离栽培，每天将开花的穗子套袋，观察其自交结实情况，并作镜检观察发现那些在高温长日照时期开花的稻穗，全都没有自交结实；且镜检全部为'典型'花粉型，只有9

月20日抽穗的一个小分蘖,自交结了实。我想,这可能是株受光、温条件控制的籼稻核不育株,但我缺乏这方面的经验,不敢贸然判断它是不是两用不育稻株,请袁老师指正。"

袁隆平仔细观察了这株稻后,不由得喜上眉梢。他高兴地说:"我看极有可能是一株新的光温敏不育材料,想必我是不虚此行了。小邓,你要认真观察,保护好这几粒种子,一俟收获,马上到海南去加速繁育,争取明年进行省级鉴定。"

邓华凤听了袁隆平的一席话,心中有了底,信心大增,立即表示不负重望,做好繁育工作。10月,在邓华凤的悉心照料下,这株光温敏不育株结了11粒宝贵的种子·。

1988年8月,湖南省科委决定在怀化对邓华凤的两系不育材料举行鉴定会。开会前头一天,袁隆平亲自出席并主持了预备会,与会专家一致认定该不育材料完全达到了两用光、温敏不育系的各项标准。袁隆平高兴地将它正式命名为"安农S—1"。

"安农S—1"的发现,终于冲出了制约两系法育种的瓶颈。紧接着,一个个新的光温敏不育材料被发现和被转育成新的不育系。

然而,1989年,长江中下游及其以南地区出现了盛夏异常低温情况。致使该广大区域内的一系列已经通过了鉴定的光敏核不育系全部发生育性反复。也就是说,该当它雄性不育的时候,它变得可育了，使杂交制种无法进行。

整个杂交水稻育种界都懵然掉进了大自然设下的陷阱。有的人对两系法杂交失去了信心，有的则茫然不知所措，也有一些态度积极的同志主张要淘汰现有的温敏型不育系，争取选育出最少是一个纯粹受光照条件控制，或者最起码是主要受光照控制的光敏型不育系，当然，也还有其他一些积极的设想。总之，人们一时之间议论纷纷，莫衷一是。

但是，袁隆平没有惊慌，他所经历过的挫折太多了，这点意外尚不足以使他迷茫。他仔细研究了长江流域有记录以来的所有气象资料，发现这个地区盛夏日期最低日平均气温从来没有低于过24度。因此，只要从现有的两用核不育系统，转育出若干个不育起点温度不高于24度的新型核不育系，就可以保证长江流域及其以南的任何地区安全地进行杂交制种。

最后，他找来这时已经成为高级研究人员的罗孝和，让他尽快培育出一个不育起点温度在24度以下的两用核不育系来，并对他说成功有奖。

罗孝和没有辜负袁隆平的厚望，1991年就培育出了一个不育起点温度为摄氏23.3度的低温敏核不育系，定名为"培矮64S"，并通过了专题专家组的鉴定。

就在解决温度问题的同时，袁隆平还于1991年提出了两系法亚种间杂交双亲选配的技术策略。

经过冷静分析，袁隆平又科学地提出了一系列技术策略。经过三年探索，终于发现了水稻光、温关系的基本规律，一套有效的选育实用光、温敏不育系的技术路线很快形成。

由于投入生产应用的所有难题都已获得初步解决，全国各有关单位的第一批两系杂交水稻组合，得以迅速投入大面积试种，结果各方面表现良好，可比原有三系法杂交水稻普遍增产5%以上。1995年8月，袁隆平在湖南怀化召开的"863"高科技计划两系法杂交水稻现场会上，郑重宣布我国两系法杂交水稻研究历经9年努力，已获得基本成功，可逐步大面积推广应用。

两系法杂交水稻的成功投产，罗孝和立了大功。因为他培育的培矮64S两用核不育系，是全国第一个实用性两用不育系，而且这个不育系的株叶形态独特，极容易选配出高产优质的两系组合。

袁隆平一诺千金，除了给他一次性大奖之外，还决定此后每年都从培矮64S核不育系原种和其他优秀组合种子的销售总收入中，提成8%给他作后续奖励。今后其他科研人员取得优秀成果，也一律照此。

这一来，罗孝和立时成了"十万"富翁，而且算来不出20世纪，就有望成为百万富翁。

罗孝和是老同事中故事最多最有趣的人，袁隆平跟他在一起就有说不完的笑话。1988年袁隆平曾带着他去日本访问，并亲自教他系领带，但他老是学不会。到达日本后，他就再也不敢解他的领带了，每天晚上都系着睡觉。日本主人设宴招待时，别人吃半碗饭就放碗了，他一连吃了3碗，还想要第4碗。袁隆平在桌下踢了他一脚，他才恋恋不舍地放下了碗。事后，袁隆平说，你小子可别弄得日本人以为我们中国学者都是刚从饿牢里放出来的！他却"嘿嘿"一笑说，跟着你老兄真没意思，连顿饭都吃不饱……

在袁隆平两系法杂交育种理论的指导下，两系法杂交高粱、两系法杂交油菜、两系法杂交棉花、两系法杂交小麦等一系列新品种相继研究成功。我国农作物育种出现了史无前例的辉煌局面。

人们感慨地说，在杂交水稻处于迷茫或转折时期，袁先生总能够提出正确的思路，令同行们茅塞顿开，眼前豁然开朗。为什么总会出现这样的状况？袁隆平的秘书辛业芸对此有着自己的解释：

"这就是袁先生胆识过人之处。面对困难，袁先生毫不退缩，总是善于抓住关键，凭借丰富的实践经验，为突破困难，做出理论设计，再到实践中寻求答案。从理论到实践，再到理论，再回到实践，直至获得成功，这就是袁先生成功的秘诀。"

秀出班行

名师出高徒，高徒壮事业。袁隆平深知，科技创新关系到中华民族的未来，科学事业需要千万科技工作者的不懈努力、精诚团结与合作。他不计名利，甘当人梯。

杂交水稻研究是方兴未艾的事业，是需要经过几代人坚忍不拔地进行科学实验才能完成的事业。因此，袁隆平在实践研究中，特别注重人才的选拔和培养，自始至终，把育种与育人紧密结合起来。

袁隆平坚持在杂交水稻的科研事业中选拔和培养人才。早在 60 年代初期，当水稻的雄性不育性研究还刚刚起步的时候，他感到单枪匹马是无法完成研究任务的，他就从安江农校

毕业生中，挑选了李必湖与尹华奇两名学生当助手。他希望他的助手多学点英语知识，便挤出晚上时间给他们上辅导课，持之以恒，从不间断。有一次，袁隆平的妻子邓哲患急病，他与尹华奇送她去怀化住进了医院后，当晚又赶回安江农校。尹华奇考虑到袁隆平旅途辛苦，劝他早点休息，袁隆平依然坚持给他补了一个小时的英语课，才去休息。袁隆平对尹华奇说：

"制度是自己定的，贵在坚持。如果三天打鱼，两天晒网，外语是无法学好的！"

袁隆平对助手们既注重言传，更注重身教。70 年代，师生三人冒着地震危险，在云南元江县坚持实验。当时当地的农业部门遇到两大技术难题。一是农业部给云南省两斤科字六号良种，云南省将这珍贵种子交给元江县农科所加速繁育，要求种植两亩，交良种 2000 斤。该所将它作为一项重要任务来完成，计划两批播种。第一批播一斤，因为没有掌握该种子的特性，没有过好催芽这一关，发芽率很低，一斤种子只育出四五十根秧苗。所内的干部职工都心急如焚，立即来请教袁隆平。袁隆平认真分析了原因，认为很可能是个休眠期的问题。他建议采用纸袋密封晒种的方法进行种子处理，共处理了七天，以打破休眠期。由于分析准确，措施又得力，所余一斤良种，发芽率90% 以上，收良种千多斤。第二件是帮助当地解决了薄膜育秧中的灼伤秧苗的技术问题。袁隆平把帮助当地解决实际困难看成分内事，热情而毫无保留地传授技术，当地干部群众都非常感激。助手们从袁隆平的实际行动中，受到了深刻的思想教育，也增长了生产实践知识。

袁隆平也注重教授弟子们学习科学文化知识，时常将一些好书介绍给他的弟子们。这些好书，有遗传学、生物学方面的经典著作，也有文史哲方面的名著。他希望他的弟子们不仅能精通自己本专业的知识，还能知晓其他学科的知识，开阔自己的视野。

袁隆平对弟子们既要求严格，又关怀备至。他在科研上从不空谈，不搞花架子，特别讲求实效，要求多出成果。为了达到这个目标，他总是高瞻远瞩地为弟子们创造良好的学习环境。70 年代初期，杂交水稻三系刚刚配套，他就将身边两名弟子李必湖、尹华奇分作两批送进了农业大学离职深造。俗话说"磨刀不误砍柴工"，两名弟子大学毕业后又重返育种与教学岗位，提高很快。待条件成熟后，又先后多次派他们去美国，帮助美国解决了杂交水稻制种中的一批难题，得到了美方的赞誉。现在李必湖已提升为研究员，担任湖南安江农校党委书记兼杂交水稻研究室主任；尹华奇提升为副研究员，任湖南杂交水稻研究中心主任助理，成为杂交水稻研究领域的技术中坚。弟子们深有感触地说：

"没有袁老师的培养教育和严格要求，就没有我们的今天！"

袁隆平经常对弟子们说：

"一个人的能力有大小，但是只要你真诚地爱着自己的事业，真诚地爱着脚下的土地，你就能稳稳当当地站着，顶天而立地。"

他接着说：

"我在一家杂志上看到了一个有趣的故事：有那么一天，四位工匠凑到一块儿，决定每人出一副对联，来说说自己的行当。铁匠首先开口，他说：'两间火烤烟熏屋，一个千锤百炼人。'木匠说：'一把尺能成方圆器，几根线造就栋梁材。'刻字匠说：'六书传四海，一刻值千金。'剃头匠说：'新世界从头做起，旧观念一手推开。横批是头顶功夫。'听听，他们的话多么的有气魄，多么的豪迈，他们对自己的行当是多么的热爱。"

在科研事业中，袁隆平提倡不拘一格选拔人才，崇尚人才的优化组合。

袁隆平的得力助手罗孝和曾说：

"袁先生在科研事业中，没有门户之见，从来都是搞'五湖四海'，我便是他搞'五湖四海'的受益者之一。"

罗孝和原是一位农家子弟，从播种、插秧、施肥到收割，这中间的每一个环节，他都跟随父亲干过。所以，他对水稻的感情异常深厚，说起水稻来，他总是有说不完的话题。罗孝和在培育杂交水稻的科研事业中，总是勤勤恳恳、扎扎实实。

80 年代，罗孝和协助袁隆平进行水稻两系法亚种间杂种优势利用研究。两系法杂交稻是袁隆平与罗孝和首创，与三系法杂交稻相比，具有配组自由、种子生产程序简化、产量高、米质优等特点，但技术难度很大。这项研究于 1987 年被列入国家高科技发展计划，即"863"计划。全国 10 多个省区在海南岛南红育种基地协作攻关。在艰难的开创工作中，罗孝和是袁隆平手下的一员得力干将，他时常是 24 小时守候在稻田中，观察稻秧的每一个细微变化。这期间，他曾突然接到家中的急电：

父病危，速归。

留还是归？思想斗争十分激烈。袁隆平和诸多同事倾向他归，而他自己却坚持留了下来，继续他的科学实验。几天以后，他接到了家中第二封电报：

父病逝。

罗孝和放下电文，泪水早已挂满双颊。他给家中发去一纸电文：

待我试验成功，家祭慈父，以忠报孝。

罗孝和终于没有辜负父亲的期望，他育成了全国第一个实用核不育系"培矮64S"籼型低温敏核不育系。它具有优质、多抗、高配合力、广亲和的特性。"培矮64S"的诞生，打破了粳型两用核不育系的地区局限性，改变了当年籼型两用核不育系育性不稳的艰难局面，"培矮64S"的育成为籼型两系杂交稻的育成和优势利用奠定了良好的基础，为两系亚种间杂种优势利用铺平了道路。不久，"培矮64S"被全国十多个省（区）用来配制强优组合，并成为全国应用面积最大的两用核不育系。

袁隆平热诚地推荐罗孝和申报"国家科学技术进步奖一等奖"，由于袁隆平的大力举荐，2002年2月1日，罗孝和光荣地登上了人民大会堂的领奖台，如愿以偿地荣获"国家科学技术进步奖一等奖"，并受到党和国家领导人的亲切接见。

在袁隆平的培养下，湖南杂交水稻研究中心与第二次绿色革命的发源地——安江农校以及海南育种基地，涌现了一大批具有一定理论水平和丰富杂交水稻育种实践经验的技术力量，成为绿色王国中的一群新星，诸如埋头苦干的郭名奇，默默无闻的宋泽观、邓小林等。在袁隆平的指导下，年方25岁的李必湖的助手邓华凤，于1987年在安江农校发现了神奇的光敏核不育株，现已育成为"安农S—1光敏不育系"。邓华凤在回忆光敏不育株的发现经过时，深有体会地说："我是听了袁老师的指导课受到启发后，才带着问题去寻找光敏不育株的，结果终于找到了。若不是老师的指导，我是不可能发现安农 S—1 的。"
这一新的成果，使袁隆平从"三系法"过渡到"两系法"的理
想变为现实，使中国的杂交水稻研究继续处于世界领先地位。

通过杂交水稻的育种实践，培育了一批又一批人才。这一
批批人才的涌现，又促进了杂交水稻的育种科研，为实现袁隆
平杂交水稻育种的新战略设想，打下了坚实的人才基础。

袁隆平还先后推荐了近 100 名国内杂交水稻科技人员到国
外大学和科研机关进修深造。有人问："袁老师，您这样不断把
年轻人送出去，不怕他们不回来？"袁隆平语重心长地说："我
们要把眼光放长远，只有把人家先进的技术学过来，才能把我
们的技术水平提得更高。"学成回国的人员中有多名取得了突
出成绩，比如 1995 年，他派出的肖金华和李继明在美国康奈
尔大学从马来西亚的野生稻中发现了两个重要的 QTL 基因位
点，每一个基因位点具有比现有高产杂交稻"威优 64"增产
18% 的效应。

在袁隆平的精心护持下，国家杂交水稻工程技术研究中心
已形成高水准的梯队，高级研究人员超过 30 名，占科研人员总
数的一半；并与很多国家、地区和国际组织、科研机构建立了
业务联系，举办了多次国际学术研讨会和国际杂交水稻技术培
训班，先后有 30 多个国家和地区的专家、官员前来考察、访问

和学习。除了袁隆平被联合国粮农组织聘请为首席顾问外，另有 6 名专家被联合国粮农组织聘请为技术顾问。

目前，杂交水稻研究在中国几乎形成了一个独立的学科，它吸引着众多超高水平的专家学者投身这一领域。可以说，世界上还没有任何一个国家的杂交水稻科研队伍能与中国的这支队伍相提并论。

家和万事兴

幸福完美的家庭是事业的支柱，是人生旅途疲惫的港湾。袁隆平的事业能有今天的成就，他深深感谢他那幸福和睦家庭所赋予的一切。

为了培育杂交水稻，袁隆平四海为家。在攻关前十年，袁隆平有七个春节是在海南度过的，他的三个孩子中有两个出生时不在身边。大家说，袁隆平视杂交水稻研究为自己的生命，胜过自己的妻子、儿子和父母。

袁隆平事业获得成功，从家庭环境看，有一位贤惠的妻子，不能不说是一个重要因素。谈到妻子邓哲，袁隆平感激不尽同时又深感愧疚。在袁隆平奋战的日日夜夜，她既是贤妻良母，又是袁隆平杂交水稻研究的知己。

1974 年底，袁隆平的父亲病危，邓哲接到电报，为了让远在海南制种的袁隆平安心，独自一人赶到重庆。袁父弥留之际，邓哲向父亲提出要袁隆平回来的意见。老人说："隆平忙着搞杂交试验，别的亲人都要来，隆平重任在身，无论如何不要他来。"老父亲不久就去世了，邓哲含着悲痛料理完了老人的后事，也没有告诉袁隆平。

1982 年 8 月，邓哲的母亲患癌症住院。袁隆平此时正好要去国外访问，觉得去留两难。邓哲看穿了他的心思，便说："你放心去吧，母亲有我照顾，我会安排好的。"袁隆平十分感激妻子的理解。当袁隆平从国外回来时，岳母已经安息九泉之下了。见到老人的遗像，袁隆平伤心地对妻子说："两位老人离去，我都没能送终，我是一个不孝的儿子。"邓哲不但没有责怪他，反而劝他想开些："你能把杂交水稻培育出来，就是最大的孝顺啊！"

1987 年，邓哲在一次意外中被汽车撞伤，大腿粉碎性骨折而住院了。而此时袁隆平却身在国外，邓哲多么希望丈夫能在眼前啊，但她还是不忍心去打搅丈夫的工作，最后自己苦苦熬了三个月，独自出院了。

对于妻子为家庭为他事业成功所做出的牺牲，袁隆平此生都不会忘记。他说，妻子跟着他吃了不少苦，受了不少累，自己今生也难以补偿。

袁隆平虽然很忙，看上去粗线条，可他的心思却非常细腻。在安江农校期间，妻子的衣服、鞋帽都是他进城一手操办，而且都非常合身。"的确良"面料刚问世时，袁隆平立即给妻子买了一套"的确良"的衣服。远在异国他乡，袁隆平心中忘不了同甘共苦、相濡以沫的妻子，忘不了家中的母亲和孩子。他经常给家里写信，请邓哲照顾好家中的母亲和孩子，方便时他便打电话询问家中情况。每次出差回来，虽然不怎么会做家务，但总要争着做点自己的"拿手菜"，如炒粉、面条、花生等等。1979年袁隆平第一次出国到菲律宾参加国际会议，国家给的零花钱他不舍得花，途经香港时给妻子买了一块当时令人羡慕的日本"卡西欧"女表，这块小巧精致的手表，邓哲一直保留着。

对于孩子，袁隆平觉得自己当一个父亲太容易了。因为长年在外，他根本没有什么时间照顾孩子，因此每次回家，他总是给孩子们带点糖果，并且喜欢"俯首甘为孺子牛"，让孩子们骑在他的背上玩耍。他也很关心孩子们的学习，一有空便亲自教他们学习英语，即使是在海南育种时，他也拜托一位老师，请他教孩子们英语。他对孩子要求严格，但从不因为生活琐事而打骂他们。然而有一次特例，就是二儿子"五二"跟随他去海南期间，因为拔掉了一株实验苗，他心疼地狠狠揍了儿子一顿。

袁隆平在家的时日虽然不多，但他仍然是家里的主心骨。

只要他一回家，家里就会变得热闹起来。学生、同事、远道慕名而来的各界人士使得家里门庭若市、生机勃勃。只要有空，袁隆平总会与他们见面或攀谈几句，帮助他们解决问题。他的生活很有规律，晚上看完新闻后，便陪着妻子散步十五分钟左右，然后看看书。若回家时碰上休息日，他还会抽出时间陪伴妻子去逛街。

袁隆平一家人相处和睦，其乐融融。有一次，他们全家一起出游还经历了一次不大不小的波折。

那是 1981 年 8 月，袁隆平要去北京开会。由于这次会议安排得较为宽松，他决定带着从未去过京城的妻子和五一、五二两个稍大点的孩子同往，让他们见识见识外面的世界。

从怀化上车时，没有买到卧铺票，袁隆平心想，上了车再想想办法吧。可是登上硬座车再一看，竟连座位也没有了。一家四口只得站在车厢过道上摇晃。两个孩子倒是兴奋得很，沿着过道跑来跑去，看着车窗外飞驰的景物又跳又叫。邓哲却站了一个多钟头就开始有点腿酸，她不由得皱了一下眉头，又微微笑了笑，对袁隆平说："照这样下去，恐怕不等到北京，一家人的腿就全得给站断了。"

"谁说要一直站到北京？前面沿途都有人下车，就会空出座位来，等一下我再去找列车长问问，说不定还能补到卧铺票呢！"

正说着，一个臂上佩戴着"列车长"牌牌的中年男子恰好从身边路过。袁隆平忙拦住他问："列车长同志，我们要去北京，想补两张卧铺票，不知道还有没有？"

列车长打量了一眼这位脸膛黝黑的拦路人，以为是当地农民，心中暗暗稀奇：刚刚改革开放，农村实行包产到户不久，这农民就富了起来。农民要求坐卧铺，真是新鲜事，可卧铺也不是随便就卖的。于是对袁隆平说："农民兄弟，卧铺票是还有少量几张，不过，那是留给沿途有特殊身份的高级干部进京办急事用的，可不能给你补，你赶快去找座位吧。"

"谁说不能给我们补？我爸爸是水稻专家，应该给我们补票！"忽然，从列车长腋下钻出来一个半大孩子，忽闪着大眼睛瞪着列车长抗议说。

"五一，老实点，别瞎闹！"邓哲瞪了一眼孩子，制止说。以貌取人的列车长笑笑说："嘿嘿，这孩子真逗！小家伙，你说得不错。我也一眼就看出了你爸爸是个水稻专家，可湖南农民都是种水稻的专家呀！"

"我爸爸不是农民。他是科学家，连美国人都请他当老师。"五一顽强地争辩说。这一回，他总算把意思完全表达清楚了。

不过，列车长还是不肯通融。他挺了一下腰板，正色结论说："小鬼，科学家也不行。除非你爸爸是个高级干部，我马上叫人给你补票。"

"唉，列车长！好吧，我给你两个证件。"袁隆平终于忍无可忍地开口了。说着，他从口袋里掏出两个小红本本，不紧不慢地递给了列车长。

"哎呀，您是全国人大代表、全国政协常委！天呀，您怎么不早说？请您千万谅解，我刚才那也是坚持制度啊。"列车长顿时变得毕恭毕敬，连连道歉说，"对不起，请跟我来。我马上给您补两个软卧。"

"你还是按制度办吧。我才有资格坐软卧。她是家属，你给她补个硬卧就行啦！"袁隆平说。

"不，您有资格带随员一同坐软卧。这是您的正当权利。"列车长说。

"可我的家属不是工作随员，不属于公务旅行。你还是照我说的去办吧。"袁隆平坚持说。

"好，好，好！那也行。我给您一个软卧，一个硬卧。"

补好票，夫妇俩就分开了。邓哲带着五一坐了硬卧，袁隆平带着五二坐了软卧。安顿下来以后，袁隆平便从公文包里掏出一大摞文稿，开始逐页审读。可是，他还没看几页，儿子五二时不时地就指着窗外的景物向他问这问那，他有口无心地回答了几声，五二表示很不满意，又摇着他的胳膊要跟他探讨北京城有多大，天安门有多高……他于是感到这小子难以对付，只好放下稿子，哄着五二说："你提的问题爸爸都没有研究过，就是想回答也答不出来呀。等爸爸带你到了北京，你自己就会看明白了。你安静会，让爸爸好好地工作啊，乖啊！"

五二知道爸爸不愿意陪他说话，于是嘟起小嘴很不高兴地说："跟您坐在一起真没味，我要去找妈妈和哥哥。"

"很好，你去吧。晚上再来爸爸铺上睡。"

孩子推开门，一溜烟就跑了。袁隆平又重新看起稿子来。也不知过了多久，邓哲过来看望，见五二不在，便问五二哪去了，袁隆平这才知道孩子溜出软卧间后并没有到妈妈身边去，于是着急起来。紧接着，两口子在列车长的帮助下找遍了火车，也没有发现五二的身影，列车广播又反复广播，结果仍是毫无踪迹。邓哲不由得生气地责备袁隆平：

"你就只顾着工作，工作，连自己的孩子都不顾。你算是一个什么父亲？"说着说着，两串眼泪就止不住往下掉。

听着妻子的责备，袁隆平不觉低下了头，他觉得惭愧极了，多少年来，为了工作，自己差不多一直是弃家不顾；甚至一年到头都只能回家一次，和妻子见一次面。妻子常年在家照顾一家老小，从来没有厌烦过，而自己仅仅带着孩子坐了几个小时的火车，就不胜其烦，甚至把孩子给弄丢了，这真是何等荒唐啊！

列车长见状也吓得额头直冒汗，心想，一开始就没给这位社会名流、人大代表留下好印象，偏偏又在车上跑丢了一个孩子。事情虽不能说全怪自己，但问题出在自己值勤的车上，好歹脱不了干系。为了挽回影响，他不得不硬着头皮说：

"首长，请别着急。列车马上到达湘乡站，我们一定请求火速通知本列车曾经停靠过的各个车站帮助查找。说不定您的孩子就在我们曾经停靠过的某一站下了站，没来得及上车。这种情况叫做漏乘，我们经常会遇到。"

说话间，列车已在湘乡站停住。车站广播里果然即时响起了呼告：

"杂交水稻专家袁隆平先生请注意，您的孩子在娄底车站漏乘，现正在该站民警值班室等您……"

人们这才松了一口气，脸上露出了笑容。袁隆平随即交代邓哲带五一原车先行，自己下车回头去接五二，一家人再在北京会合。原来，当时五二跑出软卧间，列车就停靠在娄底站。小家伙见列车过道里人多不好走，便跳下车去，顺着站台往妈妈所在的车厢跑。可是，在站台上一跑开，他就认不出妈妈是在哪节车厢，直到列车重新开动，他还在站台上乱跑；眼看着列车加速离去，他急得又跳又叫，哇哇大哭……

虽然说这次旅游经历了一点挫折，但北京还是游得相当畅快。

　　袁隆平夫妇在患难之中总是风雨同舟，在鲜花和荣誉面前依然一往情深。家和万事兴，袁隆平和谐美满的家庭是他事业成功的重要支柱。

征战超级稻

两系法杂交水稻研究成功以后，如何再一次大幅度提高水稻的产量，是袁隆平执着追求的研究主题。1997 年，他提出超级杂交稻育种的研究思想和技术路线，并主持实施。

培育超高产水稻（又称超级稻）是国际水稻科技的新高峰。日本于 1980 年率先制订超高产水稻育种计划，目标是 1995 年育成比当时的品种增产 50% 的超高产品种，即每公顷产量 5000 千克～6500 千克糙米（折合稻谷 6300 千克～8100 千克）提高到 7500 千克～9750 千克（折合稻谷 9375 千克～12150 千克）。国际水稻研究所于 1989 年提出培育"超级稻"（后改称"新株型稻"）育种计划，

目标是 2000 年（后来宣布推迟到 2005 年）育成产量潜力比已有纯系品种高 20% ～ 25% 的超级稻品种，即譬如生育期为 120 天的新株型稻，其产量潜力达到每公顷产量 12000 千克以上。

袁隆平跟踪国际科技前沿，早在 1984 年就提出了杂交水稻超高产育种课题；1985 年，他在《杂交水稻》杂志上发表了《杂交水稻超高产育种探讨》一文。他呼吁"我国杂交水稻育种，在注意提高品质的同时，也必须制订高产育种研究计划"，指出"把形态改良同生理机能的提高密切而有效地结合起来"，并提出了湖南双季稻超高产指标和培育超高产杂交水稻的途径。但是受到国内当时出现的"卖粮难"现象所迷惑，认为今后水稻育种的主攻方向应放在稻米的品质改良上，而不应该放在超高产上。因此，对袁隆平提出的超高产育种课题没有引起应有的重视，在宏观决策上延误了一些时间。但袁隆平没有停止对超高产杂交水稻的探索，一直在寻找一条切实可行的超高产育种途径和理想的株型模式。经过 13 年的孕育，超级杂交水稻研究方略终于在 1997 年以更新颖、更完善的思路和形式而再度展现。

在袁隆平首次提出杂交水稻超高产育种 12 年后的 1996 年，我国农业部立项了中国超级稻育种计划，产量指标以中稻为例，到 2000 年为两个百亩片（6.67 公顷）、连续两年每公顷产量

10500 千克，2005 年为 12000 千克。1997 年，袁隆平根据已经变化了的情况，参照农业部的产量标准，重新以《杂交水稻超高产育种》为题，提出了一个全新的超级杂交水稻育种的方案，并建议国家立项进行研究。朱镕基总理对此高度重视并大力支持，1998 年批拨专项经费予以资助。同时，超级杂交稻育种研究已被纳入国家"863"计划。

超级杂交稻的产量指标分两个级别，一是到 2000 年达到农业部制定的超级育种第一期指标；二是到 2005 年达到每公顷日产稻谷 100 千克，即一个生育期为 120 天的中熟品种每公顷产量 12000 千克，生育期 134 天、135 天的品种分别为 13000 千克、13500 千克，依此类推；还要求米质达到农业部公布的二级优质米标准，抗主要病虫害两种以上。

在总体上采用形态改良与提高杂种优势水平相结合的技术路线，在形态改良上提出"高冠层、矮穗层、高收获指数"的超高产株型模式，在提高优势水平方面主要是利用亚种间杂种优势。

在袁隆平的主持下，超级杂交水稻研究取得了重大成果，已培育出一批具有超高产潜力、米质优良的亚种间先锋组合。江苏省农业科学院与国家杂交水稻工程技术研究中心合作培育的两个组合于 1999 年和 2000 年连续两年在湖南、江苏等省共计数十个百亩示范片和数千个千亩示范片上达到了农业部制定的中国超级稻中稻育种第一期目标，每公顷产量10500千克以上。其中一个组合在云南省永胜县小面积试种，每公顷产量高达17080千克；另一个组合不仅具有超高产潜力，而且品质优良，在评定米质的9项指标中有6项达到部颁一级优质米标准，3项达到二级优质米标准。

袁隆平进行了远缘杂种优势利用的探索。与美国康奈尔大学合作研究于1995年发现野生稻的两个有显著增产效应的基因后，他即着手进行利用研究，采用分子标记辅助选择育种技术，将野生稻的增产基因转入杂交水稻亲本。这项研究进展较快，迄今已选育出携带这样基因的恢复系及其苗头组合，在实验中表现出很大的增产潜力。

袁隆平还开展或参与了现代生物技术应用于杂交水稻的研究，推动水稻杂种优势利用向更高层次发展。如近几年来开展的转基因抗病虫、抗除草剂、抗早衰、高赖氨酸含量等杂交水稻研究，玉米、稗草等高光合作用效率基因的定位与利用研究等，已分别培育出高除草剂的杂交稻、具有玉米或稗草高光合效率特性的种质材料。2000年，与北京华大基因研究中心、中国科学院遗传研究所合作，启动中国超级杂交稻基因组测序和功能基因开发利用研究项目。2001年，与香港中文大学合作，启动"超级杂交稻计划"，旨在通过传统育种技术与最新生物科技的结合，培育新一代高产优质的杂交水稻，预计未来 5 ～ 10年，使超级杂交水稻的米质从现在的三级或二级提高到一级，产量达到每公顷 12750 千克～ 13500 千克，抗逆能力也将大为增强。

对于一位有献身精神的科学家来说，创新是没有止境的。在完成两系法育种、实现超级稻的一期目标后，袁隆平又准备向新的高峰攀登，这个新的目标就是利用无融合生殖以固定杂种优势的一系法。一系法不再需要年年制种，杂种优势没有变异，真正实现杂交水稻育种技术由繁到简的飞跃。虽然实现一系法有赖于分子育种、基因技术的进步，难度极大，且一些部门有异议甚至持反对意见，但袁隆平坚持认为，一系法一定要搞，这是科技进步和社会发展的必然要求，也是科技工作者应该追求的目标和完成的使命。

在解释三系、两系和一系法时，袁隆平风趣地总结说道："三系法像包办婚姻，两系法是自由恋爱，一系法就是独身主义吧！"

我国超级稻研究为什么能够如此顺利地走在世界的最前列呢？

超级稻计划首席主持人袁隆平的回答是：我们首先是得益

于正确的技术路线；其次是，我们很好地利用了海南岛这个天然大温室，所以大大加快了成功的步伐。

我国超级稻育种的技术路线主要有两条：一是形态改良，如矮秆、分蘖、大穗；二是杂交优势利用，如三系法品种间杂交、两系法亚种间杂交和一系法远缘杂交等。他说：

"其他育种技术，包括基因工程在内的分子育种技术，最终都要落实到形态改良和杂种优势利用上来。以国际水稻研究所为代表的各国育种专家，单纯走形态改良的路子，其增产潜力有限。也有些专家单纯利用杂交优势，其增产效果也不明显，甚至只增产稻草不增产稻谷。我们研制的超级稻计划采用一条亚种间杂交与形态改良相结合的技术路线，效果最佳。除了正确的技术路线以外，再就是得益于我们的三亚荔枝沟，得益于我们的天然大温室。"

自 20 世纪 70 年代开始推广杂交水稻以来，袁隆平和他的助手们培植的不育系有 16 个，大面积推广的杂交组合有 50 多个，这些不育系和杂交组合的培育和选育近一半的世代是通过南繁完成的。袁隆平说，没有南繁，就没有杂交稻的选育速度。

回顾 30 多年来，为了抢时间，他和助手们冬天到海南培育一季水稻，次年 4 月间返回湖南再育两季。那时候从安江到海南，要到桂林改乘火车到湛江，再转汽车到濂江，再换乘渡船到海口，然后转车到三亚，单程需要 7 天。转车难，买票难，个中艰辛难以尽述。

一次，袁隆平和助手尹华奇凌晨 2 点在车站排队买票。窗口前只有他师徒二人，熬过了三更乏、四更困和五更寒……8 点，窗口打开，售票员说：

"只有两张票，在你们前面排的有两张小板凳，那是车站职工的，票只能卖给他们。"

袁隆平和尹华奇当时就像是两个农民：背一床草席，提一个水桶。未来的科技大师们当年就是挤在农民中间，坐在车厢的连接处，穿过广西赶赴海南的。

开始，袁隆平和当地的农民住在一起，行李中有三件宝是随身必带的：草席、蚊帐、水桶。到了住地，用水桶提几桶水冲个澡，就洗去了一天的劳累。卸一张门板，铺一张草席，挂上蚊帐就能躺下去过一夜。

在三亚，每当试验田稻种将要成熟的时候，漆黑的夜只有海风吹过的呼呼声，他们要防止田鼠偷吃稻种，因此要睡在田里。这里的田鼠大而猖狂，整夜地叫个不停。袁隆平和助手们轮流在田间用手电照，用棍子打，驱赶田鼠……

30 多个寒来暑往的南繁岁月，硬是被袁隆平给熬过来了。

人们说，今日的科技伟人袁隆平，昔日犹如一只历经磨难的"幼虫"，不知受了多少皮肉之苦，终于蜕变成了一只翩翩飞舞的蝴蝶。可这只蝴蝶又瞄准了远方那眩目的光芒，一头扎进了火海。于是，他再次舍去了优裕的生活，重新开始了"超级稻"的研究，继续他南繁的艰苦岁月。他即使再蜕掉一层皮也心甘情愿，因为他是怀着"挑战饥饿"的一颗雄心去扑火的，用他的话来说，那是奔向一片新的光明。

"三十功名尘与土，八千里路云和月。"30多个春秋的南来北往，袁隆平在研制杂交水稻的征途中，行程何止八千里路！他所遭受的磨难，与他取得的成就比起来，只不过是征程上的些许"尘"与"土"罢了！

国士无双

袁隆平做出的巨大贡献赢得了国内外的赞誉。

党和政府没有忘记他，祖国人民没有忘记他。他摘取了首届国家最高科学技术奖的桂冠，还获得了新中国成立以来迄今为止唯一的国家技术发明特等奖及国内的多项奖励。

1981 年 6 月初，袁隆平在菲律宾进行为期 3 个月的合作研究。一天，他正在田里指导育种，同事送来了中国农业科学院发来的电报，要他作好回北京接受任务的准备。两天后，又来一封加急电报，要他第二天赶回北京。他心中纳闷，不知何故。

飞机上了蓝天，下面是湛蓝的大海。不久，

祖国秀美的山川展现在袁隆平的视野中。只见万里田畴，郁郁葱葱，那些绿色正是袁隆平播下的理想种子，他心里有着说不出的欣慰。

当他风尘仆仆地走下首都机场，一张清瘦的脸，一身朴实的装束，令来接他的国家科委的同志感到吃惊。科委的同志对他说，国家决定授予他"籼型杂交水稻"国家技术发明奖特等奖，特请他回来参加授奖仪式。

6 月 6 日，国家科委在北京隆重召开了授予"籼型杂交水稻"特等发明奖大会。党和国家领导人出席了授奖大会。会上，宣读了国务院的贺电，国务院副总理方毅作了重要讲话，并向袁隆平科研协作组颁发了奖状、奖章和 10 万元奖金。

不仅如此，袁隆平其他科技成就、论文和著作也多次获奖。《水稻的雄性不育性》《杂交水稻育种的战略设想》等论文中的论点被学术界公认为具有划时代意义的理论。由他与其他专家共同编写的《杂交水稻育种栽培学》专著，1994 年荣获国家图书一等奖，被列为"推动我国科技进步十大著作"之一。面对荣誉，袁隆平深深感谢祖国、感谢人民，给了他成功的机遇和荣誉。

世界也没有忘记他。1985 年，袁隆平荣获联合国知识产权组织"发明和创造"金质奖章，1987 年获联合国教科文组织"科学奖"，1988 年获英国让克基金会"农学与营养奖"，1993 年获美国菲因斯特基金会"拯救世界饥饿奖",1995 年获联合国粮农组织"粮食安全保障奖",1996 年获日本"日经亚洲大奖",1997 年获世界"先驱科学家奖",1998 年获"日本越光国际水稻奖",2001 年获有亚洲诺贝尔奖之称的拉蒙·麦格赛奖等多项国际性大奖。

那些隆重热烈的场面使他难以忘怀。在英国让克基金会授予他"农学与营养奖"的颁奖仪式上,英国农学界、营养界的精英几乎全部到场祝贺。英国以高规格的礼遇接待了袁隆平夫妇,并专程安排观光浏览英伦三岛。在美国罗得岛布朗大学颁发菲因斯特基金会"拯救世界饥饿奖"时,400 多名中国留学生特意参加了颁奖仪式,仪式一结束,留学生们高兴、自豪地把袁隆平高高抛向空中。在日本接受"日经亚洲大奖"时,日本前首相宫泽喜一也欣然出席仪式以示祝贺。2001 年 8 月菲律宾政府授予他"拉蒙·麦格赛奖"时,总统阿罗约亲自接见了他,并感谢他在提高粮食产量方面做出的杰出贡献。

人民没有忘记他。一句"吃饭不忘袁隆平"的朴实语言,表达了广大人民群众的感激和崇敬之情。

中国有句话:"上士忘名,中士立名,下士窃名。"袁隆平风趣地说:"毛主席讲过'人怕出名猪怕壮',我当初研究杂交水稻的目的不是为了出风头，虽然我现在取得了一点点成绩，有小小的名声，我害怕再出名，一出名之后，我的自由度就越来越小，你走出去，别人会指指点点，'这就是袁隆平'。"袁隆平对待荣誉和出名的态度是何等明智啊！难怪曾再次获得诺贝尔奖的英国生物学家桑格说："有的人投身于科学研究的主要目的就是为了得奖，而且一直千方百计地考虑如何才能得奖，这样的人是不会成功的。"

1994 年，美国世界观察研究所所长 L.R. 布朗博士在他创办的《世界观察》杂志上，发表了一篇震惊世界的文章——《谁来养活中国》。他在这篇文章中不仅预言中国将无法解决自己的粮食问题，而且发出警告，说到 2030 年，连整个世界都将无法养活中国届时将增长到 16 亿之多的人口。次年，他又在中国政府和学术界的一片驳斥声中，坚持把这篇论文扩充成一部专著。布朗迎合所谓"中国威胁论"而在美国舆论市场哗众取宠的用心，是显而易见的，尽管他一直矢口否认这点。

世界上究竟有多少人会相信布朗的那番预言，很值得怀疑。因为在他的分析中，忽略了一个对于中国和世界的粮食生产现状及未来发展有着举足轻重意义的中国人的存在，这个人就是袁隆平。

1995 年，袁隆平也参与了与布朗的论战。他在当年与北京大学林毅夫教授的一次对话中指出，1949 年我国粮食平均亩产还不到 70 公斤，因而饥荒不可避免；而 1995 年全国水稻平均亩产提高到 340 多公斤，已解决了中国人的吃饭问题；但与当年杂交水稻的最高亩产 825.2 公斤相比，即使不考虑技术继续进步的因素，理论上每亩田也还有 478.6 公斤的增产潜力；加上杂交水稻技术的进一步改进和其他科技因素的提高，到布朗预言整个世界都将养不活中国 16 亿人口的 2030 年，中国的粮食总产量将可能翻番，即达到八九亿吨，不仅可以继续养活中国人，而且，届时中国人还将比今天吃得更饱更好。

联系到过去，袁隆平一个梦想的实现，即已经使中国人获得了温饱，那么，他对布朗"谁来养活中国人"之问的回答，无疑使中国人心里感到无比踏实。

1999 年，国际天文学联合会发布了小行星通报第 35490 号，1996 年 9 月 8 日，由河北中国科学院兴隆观测站发现的小行星被命名为"袁隆平星"。

这颗星命名为"袁隆平星"，藏着有趣的含义。"袁隆平星"原来的暂定编号为 1996SD1，国际性永久编号为（8117）。在暂定编号 1996SD1 中的 SD 正好是中文"水稻"的汉语拼音字头的缩写，故将它命名为"袁隆平星"。袁隆平获此殊荣，不仅是对他和他的科研团队的充分肯定，也是中华民族的光荣与骄傲。

同年 10 月,中共中央在北京人民大会堂举行"巴金星""陈景润星""袁隆平星"和"光彩事业星"的命名仪式。行星命名是国家和国际天文学界赠送给国内有突出贡献的个人的礼物,表达了全社会对他们的创造性劳动和巨大贡献的崇高敬意。用知名人士的名字命名小行星,是一项崇高的荣誉,具有极大的意义。

　　从此,在浩瀚的宇宙中,又升起了一颗科技明星。作为科技之星的袁隆平,从杂交水稻蜚声国内外起,成为追星族的目标。每当袁隆平出现在人群中,上前握手的、索要签名的不断,袁隆平从不拒绝,尽力满足追星者的愿望。

　　"袁隆平星",闪烁着创新的星光、智慧的星光。这颗星永远闪耀在人类文明的星空,鼓舞一代代青年人满怀理想去探索,谱写科技进步的新篇章。

　　2013 年,袁隆平获得第四届中国消除贫困奖终身成就奖,2014 年获得国家科技进步特等奖,2018 年获"改革先锋"称号和"未来科学大奖"生命科学奖。

　　2019 年 9 月 29 日上午,为了庆祝新中国成立 70 周年,隆重表彰为新中国建设和发展做出杰出贡献的功勋模范人物,中华人民共和国国家勋章和国家荣誉称号颁授仪式于北京隆重举行。中共中央总书记、国家主席、中央军委主席习近平向"共和国勋章"获得者袁隆平颁授勋章。中国农民说，吃饭靠"两平"，一靠邓小平（责任制），二靠袁隆平（杂交稻）。西方世界称，杂交稻是"东方魔稻"。他的成果不仅在很大程度上解决了中国人的吃饭问题，而且也被认为是解决下个世纪世界性饥饿问题的法宝。国际上甚至把杂交稻当作中国继四大发明之后的第五大发明，誉为"第二次绿色革命"。

获国家最高荣誉"共和国勋章"的当天，袁隆平就返回了湖南，"明天还要到田里去"。因为他有自己的任务清单：今年向亩产 1200 公斤冲刺。"如果没有特大的自然灾害，有九成把握可以实现。"在现场袁隆平拿着水稻说，"开花开得好好"。尽管已经 90 多岁了，他依然在坚持自己最初的梦想。在湖南省农科院的住宅旁，他有自己的一块试验田。每天起床后，他第一件事就是下田，看看他的宝贝水稻。90 多岁的他，仍然有两个更为宏大的梦想，"一愿世界无饥荒，二愿禾稻能乘凉"，并为此而不懈努力着。

2021 年 3 月，91 岁高龄的袁老，在海南三亚南繁基地不慎摔了一跤，被紧急送至当地医院，4 月初转回长沙接受治疗，纵是病危之际，他每天都挂念着水稻问天气情况。5 月 22 日，湖南长沙，细雨凄迷，哀伤的情绪弥漫在城市上空。13 时 07 分，"杂交水稻之父"、中国工程院院士、"共和国勋章"获得者袁隆平因病医治无效，在长沙与世长辞，享年91岁。

受中共中央总书记、国家主席、中央军委主席习近平委托，湖南省委书记许达哲专程看望了袁隆平同志的家属，转达习近平对袁隆平同志的深切悼念和对其家属的亲切问候。习近平高度肯定袁隆平同志为我国粮食安全、农业科技创新、世界粮食发展做出的重大贡献，并要求广大党员、干部和科技工作者向袁隆平同志学习，强调我们对袁隆平同志的最好纪念，就是学习他热爱党、热爱祖国、热爱人民，信念坚定、矢志不渝，勇于创新、朴实无华的高贵品质，学习他以祖国和人民需要为己任，以奉献祖国和人民为目标，一辈子躬耕田野，脚踏实地把科技论文写在祖国大地上的崇高风范。

5月22日16时许，运送袁隆平遗体的灵车缓缓驶出医院，路边聚集了很多闻讯赶来送行的市民。旁边的司机停车鸣笛致敬，人们把鲜花捧在胸前，悲恸高呼："袁爷爷，一路走好，一路走好！"灵车在袁隆平长期工作的湖南杂交水稻研究中心绕行一周，让袁老再看一眼毕生钟爱的"杂交稻"和他亲爱的同事、学生。路上，有市民跑步送别，一路跟随，陪袁老最后再走一遍长沙城；众多市民自发来到袁老家门口送别，冒雨缅怀，泪洒当场。23日，湖南长沙明阳山殡仪馆在明阳厅设袁隆平同志群众悼念点，全国多地群众自发赶赴灵堂，献上鲜花默哀致意。这一天，有花店免费派送悼念鲜花，有热心人全天发放免费口罩，也有出租车司机义务接送悼念乘客。痛失国士，细雨飘摇中的长沙城，络绎不绝的缅怀人群，普通市民用善意传递着对袁老的哀悼与尊敬，可谓是"线上亿万网友留言泪别，线下数十万人冒雨吊唁"。24日，袁老的遗体告别仪式在长沙举行，送别仪式现场庄严肃穆，哀乐低回。铭德厅正厅上方悬挂着黑底白字的横幅"沉痛悼念袁隆平同志"，横幅下方是袁隆平的遗像。袁隆平的遗体安卧在鲜花翠柏丛中，身上覆盖着鲜红的中华人民共和国国旗。殡仪馆门口站满了前来送别的人，灵堂外也有大批民众自发前来送别，鲜花、花圈数不胜数。

九州万里同悲戚，国士无双袁隆平。

袁隆平院士矢志耕耘的一生，将激励华夏儿女付出毕生的努力，凝聚起中华民族复兴的磅礴伟力。祝袁隆平院士一路走好，我们将永远怀念他。